감히 알려고 하라

고전이
건네는 말
4

감히
알려고 하라

수유너머R 글 김진화 그림

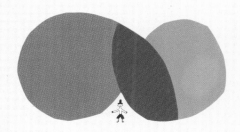

너머학교

시대를 넘어온 물음,
고전이 건네는 말

고전은 오래되었으나 나이 들지 않는 책입니다. 그 속에는 시대를 넘어온 물음이 담겨 있기 때문이지요. 오랜 시간 사람들은 고전이 던지는 물음을 읽어 내며 자신의 삶을 가꾸어 왔습니다. 그런 점에서 고전은 한 권의 책이 아니라 수많은 사람들의 삶이 연결된 질문의 덩어리, 생각의 교차로라고 할 수 있습니다. 우리는 고전 속에 담긴 물음을 읽으며 오랜 시간 이어져 온 배움의 과정에 동참하게 됩니다.

그렇다면 고전 속에 담긴 물음은 어떻게 읽어 내는 걸까요? 인문학 연구공동체 '수유너머R'에서 평소 고전 공부를 하며 나누는 이야기가 있습니다. '읽다 보면 유독 눈이 머물고 가슴을 뛰게 만드는 문장이 있다. 그것을 붙잡고 생각을 이끌어 가라. 그러면 사유의 물꼬가 트이고 자기 삶의 문제를 보는 새로운 눈이 열릴 것이다!' 어려운 원문 앞에서 주춤거리는 초보에게 해 주는 조언이지만 연구실에서 강조하는 고전 공부의 핵심 자세이기도 합니다.

고전의 원문을 찬찬히 읽다 보면 마음을 두드리는 문장이 있습니다. 그 문장이 씨앗이 되어 여러 질문을 낳지요. 함께 공부하는 동료들과 그 질문을 나누고 다시 생각하는 과정에서 내 삶에 놓인 문제를 낯설게 보는 눈이 생깁니다. 삶을 변화시키는 앎이 거기서부터 하나씩 싹을 틔웁니다.

이렇게 고전이 우리에게 던져 준 하나의 질문, 하나의 말을 화두 삼아 글을 써 '고전이 건네는 말' 시리즈를 펴내게 되었습니다. 고전 속 씨앗문장과 더불어 원문을 짧게나마 함께 실어 읽어 볼 수 있게 했습니다. 요약본이나 해설서만 읽는 것은 어떤 사람에 대해 이야기만 전해 듣고 친구가 되었다고 믿는 것과 같아요. 고전은 고전 자체로 만나야 합니다. 고전이 전해 주는 생생한 말을 들으려면 말이지요.

이 시리즈는 연구실에서 해마다 열리는 기획 강좌 '10대를 위한 고전 읽기-시대를 넘어온 물음'의 결실입니다. 강좌에 참여한 10대들이 고전을 읽으며 두 눈을 빛내던 장면이 떠오릅니다. 고전이 자신에게 건넨 말을 어떻게 표현해야 할지 고심하던 동료들의 얼굴도 선하네요. 강좌에서 나누었던 질문을 되새기고 글을 다듬어 책으로 내는 과정 자체가 소중한 배움이었습니다. 그래서 지난해 여름에 나온 『너는 네가 되어야 한다』와 『나를 위해 공부하라』에 이어 올해에도 또 다른 질문을 담아 『우정은 세상을 돌며 춤춘다』와 『감히 알려고 하라』를 펴내게 되었습니다.

고전 속에 담긴 물음 앞에는 나이 든 이도, 어린 사람도 따로 없습니다. 단지 오래전에 건너온 새로운 물음을 읽고 자기 삶을 가꾸어 가는 사람이 있을 뿐이지요. 이 책을 읽는 여러분도 고전이라는 교차로에서 자신만의 질문을 만날 수 있기를 바랍니다. 함께하는 동료, 친구들과 그 질문을 나누고 더 풍성한 배움으로 삶을 꾸려 갈 수 있기를 바랍니다.

2014년 가을 김수미

■ **일러두기**

– 인명과 지명 등 외래어 표기는 국립국어원 외래어 표기법과 두산 백과사전을 따랐습니다.

– 단행본, 장편소설, 산문집 등은 『 』로, 논문, 한 편의 글, 중편소설, 단편소설, 영화, 미술 작품 등은 「 」로 표기했습니다.

– 본문에서 인용문 출처를 표기할 때 해당 고전은 책 제목을 넣지 않고 장 제목을 넣거나 생략했습니다. 자세한 인용문 출처는 198~200쪽에 있습니다.

감히 알려고 하라

이마누엘 칸트 · 「계몽이란 무엇인가에 대한 답변」

고병권

책을 닮은 삶

이마누엘 칸트(Immanuel Kant, 1724~1804). 철학에 대단한 관심을 갖지 않은 사람이라도 그 이름은 들어 보았을 겁니다. 그가 쓴 세 개의 비판서, 즉『순수이성비판』, 『실천이성비판』,『판단력비판』은 근대 철학을 대표하는 불후의 명저들입니다. 하지만 칸트 철학의 전공자가 아니라면 이 책들을 모두 읽어 본 사람은 많지 않을 겁니다.

그중에서도『순수이성비판』은 난해한 내용과 건조한 문체로 악명이 높지요. 이 책이 출간된 지 얼마 되지 않아 영국에서는 '칸트 스타일'이라는 말이 생겨났답니다. 누군가 '알아듣기 힘든 말'을 할 때 그런 말을 했다고 하는데요, 당시 '사기꾼의 언어'로 통했다는군요. 사정은 일급의 철학자라고 해도 크게 다르지 않았던 모양입니다.『순수이성비판』이 처음 출간되었을 때 칸트가 무척이나 그 평가를 기대했던 철학자 멘델스존은 이 책을 가리켜 "신경을 쇠약하게 하는 작품"이라고 했답니다.

칸트는 책만이 아니라 규칙적인 생활로도 유명한 사람입니다. 쾨니히스베르크의 시민들이 산책하는 그를 보고 시간을 짐작했다는, 전설 같은 이야기가 있을 정도니까요. 그의 일상도 『순수이성비판』의 문체만큼이나 건조했던 모양입니다. 한 칸트 연구자는 그의 삶에 대해 이렇게 적었습니다.

"칸트에 대해서 흥미진진한 전기를 쓴다는 것은 쉬운 일이 아니다. 겉으로 드러난 그의 삶은 규칙적이고 한결같았기 때문이다. (…) 칸트는 루소처럼 끊임없는 방랑 생활을 한 적이 없었고, 라이프니츠처럼 당대의 모든 위대한 사람들과 서신을 교환한 일도 없었다. 그는 플라톤이나 홉스처럼 정치적 일들에 개입하지 않았으며, 셸링처럼 여성 편력이 있는 것도 아니었다. 그의 생활 방식에는 일상을 벗어나는 것이 전혀 없었다. 그는 질풍노도의 시대를 살았지만 요란한 옷차림이나 머리 모양을 하지 않았고, 열정적인 몸짓도 보이지 않았다."

하지만 그가 평생 이런 건조한 삶을 살았던 것은 아닙니다. 그와 함께 오랜 세월을 보낸 친구들은 조금 다른 이야기를 들려주었습니다. 한마디로 그는 그렇게 삭막한 사람이 아니었습니다. 대학 시절 그는 당구와 카드놀이를 즐겼고, 박사[마이스터] 학위를 받은 후 강사 생활을 할 때에도 카페에서 커피를 즐겨 마시고, 당구도 치고, 레

칸트 독일의 철학자로 쾨니히스베르크에서
태어나 평생을 그곳에서 살았다. 근세 철학사
에서 중요한 인물의 한 사람으로 꼽히며 이
후의 철학자에게 큰 영향을 끼쳤다. 18세기
에 그려진 칸트의 초상화.

스토랑에서 음식을 즐기며 사람들과 수다도 열심히 떨었던 사람이었
답니다. 극장과 살롱도 자주 드나들었던 것 같습니다. 당시에는 철학
이나 문학에 관한 토론이 주로 이런 곳에서 많이 이루어졌거든요. 아
침 일찍 일어나는 습관은 처음부터 몸에 밴 것 같지만 극장이나 살롱
에서 놀다 자정 무렵에나 집에 들어오는 일도 많았다고 합니다.

특히 사교계의 여성들에게 칸트의 인기는 대단했습니다. 당시 쾨
니히스베르크에서 가장 인기 있던 살롱의 주인은 카이절링 백작 부
인이었는데요. 그 살롱의 상석에는 항상 칸트의 자리가 마련되어 있
었답니다. 칸트의 제자인 뵈티거에 따르면 "당시 칸트 선생은 여성들

사이에서 가장 사교적인 인물로 통하였으며, 사랑의 사도가 입는 가장자리가 접힌 옷을 입었고, 모든 사교 모임에 참석하였다."고 합니다. 이때부터 칸트의 옷차림도 많이 바뀌었나 봅니다. 칸트는 대학생 시절은 물론이고 강사 생활 초창기만 하더라도 해진 양복저고리 하나로 버텼던 사람입니다. 강사 생활로 약간의 금전적 여유가 생겼을 때 그는 "누군가 내 방문을 두드릴 때 나는 조용하고도 다정한 목소리로 '들어오세요'라고 말할 수 있었다."고 자랑했답니다. 더 이상 빚쟁이가 찾아오지 않게 되었다는 뜻입니다.

그렇다고 강사 시절 칸트가 방탕한 삶을 살았던 것은 아닙니다. 칸트는 이 시기에 믿기지 않을 정도로 많은 강의를 했고 논문도 여러 편 써냈습니다. 칸트와 친했던 쾨니히스베르크의 철학자 하만은 당시 사교와 오락 때문에 칸트의 연구가 차질을 빚지 않을까 걱정했다고 합니다만, 칸트는 그런대로 자기 관리를 잘하고 있었던 것 같습니다. 다만 여기서 말해 두고 싶은 것은 그의 삶이 그렇게 건조하고 삭막한 것은 아니었다는 점입니다.

그렇다면 시계추처럼, 누군가의 표현을 빌리자면 "정확히 자로 잰 듯한" 일상을 살았다는 것은 거짓일까요? 그렇지는 않습니다. 앞서 말한 것처럼 그는 사교 생활을 하던 때에도 대체로 규칙적인 삶을 살았고 아침 일찍 일어나는 습관이 있었습니다. 강사 시절은 물론이고 대학교수가 되고 나서도 그는 아침 7시에서 9시 사이에 강의를 했답니다. 겨울에도 말이지요. 하지만 이때까지의 생활은 대체로 규칙적이기는 했지만 그렇게 전설적인 수준은 아니었습니다. 그가 시계추 같은 삶, 다시 말해서 군인 같은 일상을 살게 된 것은 학문적으로 매우 중요한 어떤 시기를 거치면서입니다.

칸트는 1770년에 꿈에도 그리던 교수가 됩니다. 1724년에 태어났으니까 만 46세가 되었을 때이지요. 그는 교수 취임 논문을 발표했습니다. 제목이 「감성계와 지성계의 형식과 원리들에 대하여」였습니다. 논문을 발표한 후에 그는 끝부분에 두 장 정도를 보충할 필요성을 느꼈다고 합니다. 그런데 논문 보충을 하던 중 그는 문제를 다시 전반적으로 검토했고 시간은 하염없이 흘렀습니다. 이것이 사람들이 말하는 칸트의 '침묵의 10년'입니다. 그 전에 그토록 다양한 주제에 대해 많은 글을 썼고 사교계에서도 대단한 입담을 과시했던 칸트가 10년 동안 글을 쓰지 않았습니다. 그에게 기대를 건 사람들은 조바심을 냈고 때로는 그를 비난하기도 했습니다.

처음에는 간단한 수정 정도를 생각했던 작업이 어느덧 자신이 사용하던 모든 개념들을 철저히 검토하는 거대 작업이 되어 버린 겁니다. 1770년에 시작한 침묵은 1781년이 되어서야 끝이 났습니다. 이 '침묵의 10년' 끝에 그는 "마치 날아가듯이" 4~5개월에 걸쳐서 책 한 권을 써냈습니다. 그 책이 바로 『순수이성비판』입니다.

참고로 니체는 철학자의 금욕주의란 '예민한 후각'이라고 말한 적이 있습니다. 철학자는 이성보다도 상위에 있는 후각을 갖고 있다고 말이지요. 그래서 자기 삶의 최적의 조건에 방해되는 것, 다시 말해

「칸트와 친구들」에밀 되르스틀링의 1892~1893년 작품. 칸트는 철학자 하만을 비롯해 여러 지식인과 어울렸다. 원고를 들고 있는 사람이 칸트이다.

사유에 방해되는 것을 냄새 맡고는 일찌감치 거리를 둔다는 겁니다. 철학자가 냄새 맡는 방해물이란 세속의 소음 같은 것이죠. 그는 세상 사람들이 소란을 피우고 뛰어드는 것들에서 물러나 매우 금욕적인 삶을 산다는 겁니다. 무언가 더 높은 정신세계를 예감했을 경우에는 더욱 그렇지요. 니체는 이런 생활을 임신부에 비유한 적도 있습니다. 철학자가 새로운 개념을 품을 때 그는 임신부와 같습니다(흥미롭게도 '개념'이라는 말과 '임신'이라는 말은 라틴어 어원이 같습니다). 새로운 개념을 품었을 때 철학자는 임신부처럼 매우 조심스러운 생활을 합니다. 삶에 좋은 것들을 잘 가려서 섭취해야지요. 좋은 식사, 따뜻한 바람, 가벼운 산책, 신중한 독서, 좋은 음악, 그리고 니체가 강조했던 것이 '군인 같은 생활'이었습니다.

어찌 보면 칸트의 '침묵의 10년'은 니체가 말한 '임신부'로서 보낸 10년이었는지 모르겠습니다. 그는 무언가 냄새를 맡았습니다. 그리고 『순수이성비판』을 출산하기 전에 그것을 10년 동안이나 품고 있었습니다. 바로 이 기간에 칸트의 생활 방식은 크게 변해 버렸습니다.

그는 이제 매우 절제된 삶, 세심한 삶을 사는 사람이 되었습니다. 학문과 사교 사이를 확고하게 나누어 버렸고 정확히 자로 잰 듯한 일상을 살게 된 겁니다. 그는 스스로를 잘 돌보았습니다. 여러 유명 대학에서 파격적인 조건을 제시하면서 영입 의사를 밝혔을 때에도 그는 가볍게 산책하고 조용히 연구할 수 있는 생활이 더 소중하다고 답했습니다. 그는 규칙적인 생활을 통해 자신의 건강을 지킬 수도 있었습니다. 태어날 때부터 몸이 약했던 그가 방대한 연구 작업을 하면서도 "평생 한 번도 침대에 누워 본 적이 없다."고 자랑할 수 있었던 것은 이런 생활 덕분이었습니다.

그는 한마디로 자신에게 좋은 것이 무엇인지를 알았던 철학자입니다. 덧붙이자면 『순수이성비판』을 쓰면서 그는 그 책을 닮아 버린 겁니다. 삶과 철학이 일치한다는 것은 철학자에게는 기본 덕목이지만, 사실 그것을 우리에게 보여 주는 철학자는 아주 드뭅니다. 이 고귀하지만 드문 예가 바로 칸트입니다.

계몽이란 무엇인가

　『순수이성비판』은 출간 직후에는
제대로 평가받지 못했지만 오래지 않아 유럽 곳곳에서 토론 대상이
되었습니다. 당연히 칸트는 유명 인사가 되었습니다. 『순수이성비판』
이 출간된 지 3년쯤 지났을 때입니다. 친구인 요한 비스터가 원고 청
탁을 해 왔습니다. 비스터는 『월간 베를린Berlinische Monatsschrift』의 편집
자였습니다. 그는 또한 프로이센의 교육과 문화 담당 장관이던 카를
체들리츠의 비서관이기도 했는데요. 체들리츠는 칸트를 무척 좋아했
고 칸트의 대단한 후원자이기도 했습니다. 어떻든 비스터는 『월간 베
를린』에 '계몽이란 무엇인가'라는 주제를 내걸었고 칸트에게 원고 청
탁을 했습니다.

　사실 비스터에게는 사정이 있었습니다. 1783년에 그는 『월간 베를

『월간 베를린』칸트의 글 「계몽이란 무엇인가에 대한 답변」이
실렸던 잡지.

린』에 자기 이름을 감춘 채 원고 하나를 게재했습니다(그때 그는 'E. v.
K.'라고 암호 같은 이름을 썼지요). 그 글에서 그는 성직자들이 결혼식
을 관장하는 것을 비판했습니다. 결혼이라고 하는 것은 시민들의 결
합을 위한 일종의 계약인데, 이는 국가가 관장할 일이지 교회가 할
일은 아니라는 겁니다. 그러면서 그는 성직자가 결혼식을 주관하려
는 것은 자신들의 권력을 유지하기 위해서라고 했습니다. 꽤나 도발
적인 주장이었지요. 애초에 도발을 의도했을 겁니다. 자기 이름을 쓰
지 않고 암호 같은 이름을 쓴 걸 보면 글이 불러올 후폭풍을 예상했
음에 틀림없습니다.

　당연히 신학자들은 거세게 반발했습니다. 신학자이자 주임신부였
던 췰러가 곧바로 반박하는 글을 게재했습니다. 그는 결혼에 종교적

축성이 없다면 계몽된 사람의 덕이라고 하는 것도 위험에 빠질 것이라고 했지요. 그러면서 '계몽'이라는 이름으로 종교의 가치를 떨어뜨리고 사람들의 머리를 혼란에 빠뜨리면 안 된다며, '계몽'이라는 말이 너무 무분별하게 남용되고 있다고 힐난했습니다. 이에 잡지 편집자였던 비스터가 그럼 '계몽이 무엇인지' 한번 따져 보자고 나섰지요. 우리가 읽을 칸트의 글 「계몽이란 무엇인가에 대한 답변Beantwortung der Frage: Was ist Aufklärung?」(1784)은 이렇게 해서 탄생했습니다.

계몽啓蒙이란 과연 무엇일까요? 사람들은 계몽주의를 17~18세기 유럽에 나타난 일종의 진보적 사상운동이라고 부릅니다. 이성과 과학을 신뢰하고 교회의 맹신과 독단에 반대하며 개인의 자유를 주창한 운동이었다는 겁니다. '계몽'이라는 한자를 보면 어둠의 상태에서 벗어나도록 열어 준다는 뜻을 갖고 있습니다. 독일어로는 'Aufklärung'이라고 하는데요, 흥미롭게도 이 말은 기상학과 관련된 말이라고 합니다. 하늘이 맑게 갠 것을 뜻하지요. 어둠이 걷히고 빛이 환하게 비추는 것이라고 할까요. 영어로는 'Enlightenment'라고 하는데요, 빛으로 환하게 한다는 의미가 담겨 있습니다.

　하지만 계몽에 대한 칸트의 생각은 이런 사전적 의미를 넘어서는 아주 독특한 요소가 있습니다. 그에게 계몽은 단지 세계에 대한 과학적 인식이나 합리적 태도(통상적으로 '계산 가능성의 증대'라고 표현하는 그런 삶의 태도)와는 다른 것입니다. 이제부터 살펴보겠지만 우리는 17~18세기의 계몽주의에 대한 통념으로 칸트의 생각을 이해하려 해서는 안 됩니다. 오히려 그런 통념과 다르기 때문에 가치가 있다고 해야 할 겁니다. 뿐만 아니라 '계몽이란 무엇인가'에 대한 칸트의 답변을 따라가 보면 우리는 배움이란 무엇인지, 자유란 무엇인지, 인간이란 무엇인지에 대한 놀라운 견해를 만나게 됩니다. 이제, 그의 길지 않은 글「계몽이란 무엇인가에 대한 답변」을 읽어 볼까요.

감히 따져 묻는, 용기

계몽에 대한 칸트의 답변은 이렇게 시작합니다. 아주 중요한 단락으로, 어쩌면 지금 이 글은 이 단락 하나를 해설하는 데 다 바쳐질지도 모르겠습니다.

계몽이란 우리가 마땅히 스스로 책임져야 할 미성년 상태로부터 벗어나는 것이다. 미성년 상태란 지도 없이는 자신의 지성을 사용할 수 없는 상태이다. 이 미성년 상태의 책임을 마땅히 스스로 져야 하는 것은, 이 미성년의 원인이 지성의 결핍에 있는 것이 아니라 다른 사람의 지도 없이는 지성을 사용할 결단과 용기가 없는 경우이다. 그러므로 "감히 알려고 하라(Sapere aude)!", "너 자신의 지성을 사용할 용기를 가져라!" 하는 것이 계몽의 표어이다.

우리가 생각하는 '계몽된 사람'은 어떤 사람인가요? 지식이 많은 사람? 과학적이고 합리적인 사람? 그런데 첫 문단에서 칸트는 '계몽'이 '지성'이 아니라 '용기'의 문제라고 말하고 있습니다. 계몽되지 않은 사람이란 '지성'이 없는 사람이 아니라 '용기'가 없는 사람이라고 말입니다. 서양의 중세가 계몽되지 않은, 다시 말해 어둠의 시대였다면 그것은 사람들이 비과학적이었기 때문이 아닙니다. 칸트 식으로 보자면 어둠은 미신을 믿는 것이라기보다 그것에 대해 따져 묻지 않은 것, 다시 말해서 일종의 우상숭배에 빠져 있는 것이라고 할 수 있습니다. 칸트가 계몽의 구호를 '감히 알려고 하라.'라고 한 것에 주목할 필요가 있습니다. 여기서 방점은 '감히(aude)'라는 말에 찍혀 있습니다.

우리는 계몽주의 시대를 과학과 이성의 시대라고 말합니다만 칸트에게는 조금 달랐습니다. 그는 이성이 그 자체로 계몽을 말해 주지 못한다고 생각했습니다. 중요한 것은 '이성의 사용'입니다. 즉 이성을 어떻게 쓰느냐에 따라 계몽일 수도 있고 아닐 수도 있다는 겁니다. 칸트는 이성에 두 가지 사용법이 있다고 말합니다. 하나는 이성을 사적으로 사용하는 것이고, 다른 하나는 공적으로 사용하는 겁니다.

이성의 사적 사용이란 자신의 지위나 직책에 부여된 일을 규범에 맞게 효율적으로 잘 처리하는 것입니다. 근무 중에 있는 장교는 상관으로부터 어떤 명령을 받았을 때 그것을 주어진 규칙에 따라 처리하면 됩니다. 성직자는 교회가 명한 대로 교회의 가르침을 성실하게 그

칸트의 집과 대학 쾨니히스베르크에 있던 칸트의 집(왼쪽)과 쾨니히스베르크 대학의 옛 모습.

리고 효과적으로 신도들에게 전달하면 되고요. 시민들은 자신에게 부과된 세금을 성실히 납부하면 됩니다. 칸트는 이것을 "기계 장치의 한 부품"처럼 움직이는 것이라고 했습니다. 요즘 말로 하면 컴퓨터처럼 일을 정확하고 효율적으로 처리하면 되는 겁니다. 그런데 이것은 계몽이 아닙니다.

칸트는 계몽이 이성의 공적인 사용에 달려 있다고 했습니다. 이성의 공적 사용이란 이런 겁니다. 어떤 사람이 군대 장교인데 병역에 어떤 문제가 있다는 생각이 들었습니다. 상관의 지시야 일단 따르면 되지만 어떤 것들에 대해서는 공적인 장에서 이야기를 하고 싶어졌습니다. 비록 자신이 군대에 몸담고 있지만 모든 사람이 병역을 이행해야 하는지, 요즘 식으로 말하자면 양심적 병역 거부자를 위해서 대체 복무가 허용되어야 하는 것은 아닌지 말하고 싶어졌습니다. 물론 그의 상관들은 그를 좋게 보지 않겠지요.

칸트는 이성의 사적 사용과 공적 사용이 어떤 것인지를 보여 주기 위해, 교리와 양심의 차이로 괴로워하는 성직자의 예를 들었습니다. 일단 그는 교회 소속이니까 교회의 가르침을 잘 이해해서 신도들에게 성실하게 전달해야 합니다.

그는 이렇게 이야기할 것이다. 우리의 교회의 가르침은 이러저러하다고. 그것들은 교회가 사용하는 논거들이라고. 이리하여 그는 그 스스로 충분히 확신하고 지지하지는 않지만 그럼에도 불구하고 강론할 책임이 있는 교의로부터 신도들에게 필요한 모든 것을 발췌해 낸다. 왜냐하면 어쨌든 간에 그 교의 속에 진리가 감춰져 있을 가능성이 전혀 없지는 않고, 최소한 그 속에서 내적인 신앙에 모순되는 것이 발견되지는 않았기 때문이다.

교회에서 요구하는 교리집이 자신의 믿음이나 생각과 큰 모순이 없다면 아무 문제가 없을 겁니다. 그런데 거기에 어떤 모순이 생겨난다면 어떻게 할까요? 칸트는 이렇게 말합니다. "그는 도저히 마음 놓고 그 직무를 맡을 수 없을 것이고 끝내는 사퇴할 수밖에 없을 것이다." 성직자가 신도 앞에서 교의(어떤 종교의 신앙 내용이 진리로서 공인된, 종교상의 가르침)를 해설하는 것은 사적인 이성으로 하는 것이지만, 그것에 문제를 느끼고 그 내용을 공중(Publikum, 公衆) 앞에서 말해야

겠다고 느끼는 경우, 성직자는 이성을 공적으로 사용하는 겁니다.

칸트는 이성의 사적 사용에는 '기계 부품처럼'이라는 수식어를 사용했지만, 공적인 사용에 대해서는 '독서계의 공중 앞에서 선 학자처럼'이라고 했습니다. 다시 말해서 '독자 앞에서 선 저자처럼' 이성을 사용하라는 것인데요. 왜 '학자처럼' 혹은 '저자처럼'일까요? '공중(Publikum)'이라는 말과 '출판(publishing)'이라는 말을 살펴보면 닮지 않았나요?

칸트가 '공중'이라는 말로 떠올린 이들은 일차적으로는 책을 읽고 그 주장을 따져 볼 줄 아는 사람들입니다. 칸트는 이들을 가리켜 '독서계(Leserwelt)'라고 했는데요. 칸트가 보기에 이성을 공적으로 사용하는 사람이란 그 생각을 따질 준비가 되어 있는 익명의 독자들 앞에서 자기 생각을 용기 있게 밝히는 저자와 같습니다. '내가 틀렸을 수도 있지만 어떻든 나는 사람들에게 이 문제를 따져 보자고 말해야겠다.'고 생각하는 사람, 그가 바로 계몽된 자입니다.

학자로서 저술에 의해서 공중 앞에, 전 세계에 널리 자신의 견해를 피력할 경우, 즉 성직자가 그의 이성을 공적으로 사용하는 경우에 그는 자기 자신의 이성을 사용한 것이며, 그 자신의 인격으로 말할 수 있는 무제한의 자유를 향유한다.

왜 계몽이 지능이나 지성이 아니라 '용기'인지 아시겠지요? 부당한 것에 대해서 감히 따져 묻는 것, 자기 생각을 사람들 앞에서 고백하고 선언하는 것, 기꺼이 자신을 공중의 비판에 노출시키는 것. 다시 말하지만 이것은 지식을 쌓는 것과는 다른 겁니다. 오히려 '계몽'은 지식을 쌓기 이전에 갖추어야 할 태도라고 할 수 있습니다. '배움 이전에 갖추어야 할 배움'이라고 할까요.

그런데 칸트는 모든 공부의 밑바닥에는 이 용기가 있어야 한다고 생각했습니다. 1798년, 생애 마지막으로 출간한 『학부들의 논쟁』에서도 칸트는 「계몽이란 무엇인가에 대한 답변」에서와 동일한 생각을 밝힙니다. 이 책은 대학 학부들의 관계를 다루고 있습니다만, 우리는 여기서 '철학이란 무엇인가' 혹은 '배움이란 무엇인가'에 대한 칸트의 답변을 들을 수 있습니다.

당시 대학은 신학부와 법학부, 의학부, 철학부로 이루어져 있었는데요, 앞의 세 개 학부는 상위 학부로, 뒤의 철학부는 하위 학부로 불렸습니다. 지금으로 보면 앞의 세 개는 전문 학부이고, 철학부는 기초 교양 학부쯤 됩니다(오늘날 철학은 특정한 학과 이름이 되었습니다만 이때까지만 해도 아주 달랐습니다). 신학부와 법학부, 의학부를 마치면 정부가 인증하는 자격증을 얻게 됩니다. 성직자, 법률가, 의사가 되는 거지요. 교육 내용과 교수법, 자격 심사까지 교육 전반에 대해 정부가 승인권을 갖습니다.

그런데 칸트는 철학부에 대해서는 그러면 안 된다고 말합니다. 철학부에서 가르침은 정부의 권위가 아니라 이성(비판 이성)의 권위 아

래에 있어야 한다는 거지요. 철학부에서는 정부가 인정한 말이 옳은 말이 되는 것도 아니고, 전통적으로 옳다고 믿어 온 말이 옳은 말이 되는 것도 아닙니다. 이상하게 들릴지 모르겠지만 철학부에서는 '옳은 말'이 '옳은 말'입니다. 즉 비판 이성을 통해 옳다고 인정된 말이 옳은 것이지, 그 이외의 어떤 것도 권위를 가질 수 없다는 겁니다.

여기서 칸트는 다시 한 번 우리가 앞서의 글에서 보았던 '이성의 공적 사용'이라는 말을 꺼냅니다. 학문 공동체를 위해서는 "정부의 명령에서 독립해서 학문적 관심, 즉 이성이 공적으로 말할 권리를 지녀야만 하는 또 하나의 학부가 있어야 한다."고요. 정부의 법이 아니라 이성의 법만을 따르는 학부 말이지요. 그것이 철학입니다.

철학을 하위 학부라 부르고 나머지를 상위 학부라고 했지만, 칸트의 생각을 잘 살펴보면, 철학은 하위 학부라기보다는, 모든 학문의 하부 구조, 즉 토대를 이루는 학문이라는 것을 알 수 있습니다. 비판 이성 이외에는 그 어떤 권위도 인정하지 않는 정신, 그것은 계몽된 자의 태도이면서 바로 학문하는 사람의 태도라고 할 수 있습니다. 우리는 정부 앞에서만이 아니라 저명한 학자 앞에서도 용기를 내서 따져 물어야 합니다. 그리고 또한 자기 의견을 다른 사람들의 비판 앞에 드러내야 합니다.

칸트는 "그저 자유롭게 놔두라고 하는 이 욕심 없음"이 철학의 행동을 무죄로 한다고 했습니다. 철학은 무엇을 해 달라고 말하는 학문이 아닙니다. 철학에는 어떤 특혜도, 간섭도 필요 없습니다. 철학은 단지 '감히 따져 물을 뿐'입니다. 그런데 흥미롭게도 칸트는 상위 학부들의 경우에도 철학의 이 정신이 한쪽에 자리 잡아야 한다고 말합니다. 상위 학부들은 일반적으로는 정부의 명령을 따라야 하지만 "진리가 관건인 곳에서는" 철학부의 정신을 따라야 한다는 겁니다. 모든 학부는 자기 안에 "언제나 존재해야 하는 반대당파(좌파)"로서의 철학을 두어야 한다고 말이지요. 그리고 정부는 그 자유를 허용해야 한다고 했습니다.

우리가 읽고 있는 「계몽이란 무엇인가에 대한 답변」에서는, '계몽된 군주'란 이 자유를 허용하는 것을 '관용'이 아니라 '의무'로 생각한다고 덧붙였습니다. 자유란 군주가 베푸는 것이 아니라 군주의 의무라는 것이죠. 참 대단한 용기지요? 말이 조금 길어졌습니다만, 계몽이란 무엇인가에 대한 칸트의 첫 번째 답변, 그것은 이것입니다. 계몽은 지성이 아니라 용기다!

내 안에서 나를
넘어서게 하는, 자유

감히 알려고 하라(Sapere aude)!
계몽의 비밀은 용기에 있다고 했습니다. 그런데 이 용기는 그 어떤 권위에도 굴하지 않고 감히 고개를 들고 따져 묻는 용기이기만 한 것은 아닙니다. 칸트의 답변에는 또 다른 용기의 의미가 숨어 있습니다. 그것은 바로 나 자신을 넘어서는 용기입니다.

칸트가 이성의 사적 사용과 공적 사용을 구분한 것을 다시 떠올려 볼까요? 장교가 장교로서 머물렀을 때는 이성의 사적 사용으로 충분했습니다. 성직자가 교회에 소속된 자로서 자기 직분에 충실했을 때도 마찬가지고, 시민이 납세자로서의 의무를 성실히 이행했을 때도 마찬가지입니다.

그럼 이성의 공적인 사용은 언제 시작될까요? 바로 공무원이 공무원이기를 멈출 때, 성직자가 성직자이기를 멈출 때, 시민이 그저 시민이기를 멈출 때이지요. 뭐, 계속 이어서 더 말해 보자면, 학생이 학생이기를 멈추고, 여성이 여성이기를 멈추고, 노동자가 노동자이기를 멈출 때이고, 한국인이 한국인이기를 멈출 때입니다. 칸트가 말한 '저자'나 '세계시민'은 이처럼 사회적 신분과 지위, 소속을 넘어선 자의 이름이라고 할 수 있습니다. 내가 나의 이익만을 좇아 돌아가는 수레바퀴이기를 멈출 때만 나는 이성을 공적으로 사용하는 것이고, 따라서 계몽된 자가 되는 겁니다.

참고삼아 말하자면, 프랑스 철학자 자크 랑시에르는 『프롤레타리아의 밤』이라는 책에서 이런 말을 했습니다. 1830년대 한 무리의 노동자들이 노동자이기를 멈추면서 해방이 시작되었다고요. 다음 날 열심히 일하기 위해서 노동자는 일찍 잠들어야 했으나 몇몇 노동자들이 밤에 잠들지 않고 모였답니다. 그래서 무엇을 했느냐고요? 그들은 시를 쓰고 책을 읽었으며 서로의 생각을 나누었습니다. 노동자들이 그저 노동자이기만 한 존재를 넘어설 때, 그들은 해방 운동에 나설 수 있었다는 겁니다. 학생도 마찬가지일 겁니다. 내가 나 안에 머물러 있고 학생이 학생 안에 머물러 있는 한, 그러니까 이상한 것에 대해 감히 물어볼 용기를 못 내고 마냥 배우는 사람으로만 남으려고 할 때 그들은 계몽된 자가 아닙니다. 한국인이 한국인에 머물러 있을 때도 마찬가지고요.

앞서 이성의 사적 사용을 '기계 부품' 같다고 했지요? 기계 부품은 자신이 속한 회로를 벗어날 수 없는 존재에 대한 비유로도 볼 수 있습니다. 지정된 장소에서 지정된 기능을 수행하는 것이 바로 기계니까요. 거기에는 '자유'가 없습니다. 여기서 '자유'라고 말한 것은 '내 안에 있는, 하지만 나를 넘어설 수 있는 가능성' 같은 겁니다. 기계처럼 강제와 필연 아래 놓여 있는 것이 아니라, 내가 내 자리, 내게 지정된 궤도를 떠날 수 있는 힘, 그런 게 우리 안에 있다는 걸 알아야 합니다. 단지 외부에서 강제된 명령만이 아니라, 나의 오랜 습관이나 성향조차 넘어서도록 스스로를 만들어 가는 것, 그것이 계몽입니다. 이로써 우리는 계몽의 두 번째 의미에 도달한 셈입니다. 계몽이란 '내 안에 있는, 나를 넘어서게 해 주는 가능성', 즉 자유입니다.

너에게 다가가는, 공감

한 걸음만 더 나아가 보겠습니다. 내가 나 안에 갇히지 않는다는 것은 어떤 의미를 가질까요? 칸트는 이때 비로소 우리는 '개인'이 아니라 '인류'에 대해서 말할 수 있다고 생각한 것 같습니다. 각자가 각자 안에 갇히지 않고 나올 때, 우리는 비로소 서로를 '동료'로 긍정할 수 있습니다. 계몽의 세 번째 의미가 여기에 있습니다. 즉 계몽은 '나' 안에 있는 '너', 다시 말해서 우리 안에 있는 '인간'을 긍정하는 것이라고 할 수 있습니다.

우리는 앞서 '기계'가 '자유'에 반대된다고 했는데요, 우리는 여기서 '기계'의 또 다른 반대말을 볼 수 있습니다. 그것은 바로 '인간'입니다. 「계몽이란 무엇인가에 대한 답변」의 첫 단락에서 칸트는 계몽이란 '미성년 상태'에서 벗어나는 것이라고 했습니다. 그런데 이 말은 특정 연령층인 '어린아이'에 대한 비난이 아닙니다. 칸트가 '미성년'이라는 말로 떠올리고 있는 것, 그 배후에는 기계가 있습니다. 『순수이성비판』에서 칸트는 인간이 "자연의 걸음마를 배우기 위한 *끈*"에 조종되는 게 아니라 현상들을 자신의 법 아래서 표현한다고 했습니다. 그런데 이 비유를 잘 살펴볼 필요가 있습니다. "자연의 걸음마를 배우기 위한 *끈*"에 조종된다는 것은 어떤 필연과 강제에 예속되어 있다는 뜻이지요. 여기서 '걸음마를 배우기 위한 끈'이라는 말은 어린아이를 상징합니다. 그러나 줄에 매여 있다는 것, 후견인의 조정 아래 있다는 것, 그것은 인형이고 더 나아가 기계를 말하는 것이라고 할 수 있습니다. 실에 연결된 인형이나 체인이나 벨트에 연결된 기계를 생각하는 겁니다.

미성년이라는 칸트의 표현은 자연의 나이와는 아무런 상관이 없습니다. 학식과도 상관이 없고요. 칸트는 『실용적 관점에서 본 인간학』에서 이런 말을 합니다. "학자들은 가정사와 관련해서 일반적으로 그들의 부인에 의해 미성년의 상태에 빠져 있을 수 있다. 책 속에 파묻혀 있는 학자는 거실에 불이 났다는 하인의 소리에 '그와 같은 일은 내 집사람 소관인 것을 모르느냐?'고 대답한다." 한마디로 우리가 관심을 갖지 않고 누군가에게 내맡겨 버린 모든 일에 대해서 우리는 미성년의 상태에 놓이게 된다고 할 수 있습니다.

미성년으로 머무르는 것은 매우 편안하다. 만약 나에게 나를 대신해서 지성을 가지고 있는 책이 있고, 나를 대신해서 양심을 가진 목사가 있고, 나를 대신해서 음식을 준비하는 의사가 있다면, 나는 조금도 수고로울 필요가 없다. 내가 그것에 대해 보수를 지불할 능력만 있다면 나는 생각할 필요도 없다. 다른 사람들이 나를 대신해서 골치 아픈 일을 다 떠맡을 것이기 때문이다.

누군가에게 일을 내맡길 수 있다면 우리는 편안할 겁니다. 그러나 우리가 때로는 '게을러서', 때로는 '무서워서' 다른 사람이나 어떤 제도에 일을 떠맡겨 버리는 행위 속에서 우리는 미성년자가 되고, 기계가 되고, 노예가 됩니다. 한마디로 우리는 '인간'이기를 멈추는 겁니다. 그러니 우리를 겁쟁이나 게으름뱅이로 만드는 사람이나 체제가 있다면 그것은 무엇보다 우리에게 '인간'을 박탈하는 겁니다. 칸트는 이 점을 분명히 했습니다. 교회나 국가가 전체 국민에 대해 후견자 행세를 계속하고 이성의 공적 사용을 막는 일을 법제화할 수 있는가.

그것은 비록 최고 권력에 의해서, 의회에 의해서, 가장 엄숙한 평화 조약에 의해서 확인된 것이라 할지라도 전적으로 무효이다. 한 시대는 다음 세대가 (특히 매우 중요한) 지식을 확장할 수도 없고, 잘못을 제거할 수도 없고, 계몽을 진행시킬 수도 없는 그런 상태에 머물도록 서약할 수 없다. 이것은 인간성에 대한 침해이다.

우리는 어떻게 계몽으로 나아갈 수 있을까요?「계몽이란 무엇인가에 대한 답변」을 쓸 당시 칸트는 계몽이 급진적인 방식으로 곧바로 성취될 수 있다고 보지는 않았습니다(이 글은 프랑스 혁명 5년 전에 쓰여졌지요). 당시 칸트가 계몽 군주로서 기대를 걸었던 프로이센의 왕 프리드리히 2세의 건강도 우려할 만한 것이었고 곳곳에서 계몽주의를 반대하는 세력들이 반격을 시도하고 있었습니다. 칸트는 정세상 약간의 타협을 해야 한다고 생각했을 수도 있고 지금은 '때'가 아니라고 믿었을 수도 있습니다.

　그는 역설적이기는 하지만 '자유의 정도'를 한 단계만 낮추면 오히려 자유의 능력을 펼칠 공간을 만들어 낼 수 있다고 말합니다. 일단은 이제 갓 자란 부드러운 싹, 자유로운 사유에 대한 싹을 키우자는 겁니다. 그러면 그것들이 전체 국민의 기질에 영향을 미칠 것이고 "결국에는 단순한 기계 이상인 인간을 그들의 존엄에 맞게 대하는 것"이 자신에게도 유리하다는 것을 정부가 깨닫게 될 것이라고요.

　우리는 방금 계몽의 세 번째 의미가 '인간'에 있다고, 그것도 '성숙한 인간'에 있다고 했는데요. '인간이 된다는 것', 무엇보다 '성숙한 인간이 된다는 것'의 의미를 조금 더 음미해 볼 필요가 있을 것 같습니다. 사실 성숙한 인간이란 계몽된 인간의 다른 표현입니다. 앞서 말한 것처럼 '감히 따져 물을 수 있는' 용기와 '나를 넘어설 수 있는' 자유를 가진 존재이지요. 하지만 '인간'이라는 말에는 조금 더 나아간 어떤 의미가 담겨 있습니다.

칸트는 '우리는 계몽된 상태에 있는가'라는 물음을 던지고는 이렇게 답했습니다. "우리는 (계몽된 시대가 아니라) 계몽의 시대에 살고 있다." 그렇다면 우리가 계몽되고 있다는 '표시' 내지 '징후'는 있는가? 인류는 더 나아지고 있는가? 프랑스 혁명을 오래 지켜본 후 칸트는 이 물음을 진지하게 던졌습니다. 인류의 진보를 묻는 것은 인류의 미래를 묻는 것입니다. 점술가처럼 별을 보고 점을 칠 게 아니라면 우리는 경험에서 미래를 알아내야 합니다. 하지만 경험은 과거인데 거기서 미래를 읽을 수 있을까요?

물론 우리 미래를 결정짓는 원인을 우리의 경험에서 찾을 수는 없습니다. 그런 게 있다면 우리는 우리 자신의 자유를 부정하는 것이겠죠. 하지만 우리가 경험한 하나의 '사건'을 어떤 '표지' 내지 '징후'로서 읽을 수는 있습니다. 만약 조건만 갖추어진다면 미래에 실현될 수 있는 그런 것을 경험 속에서 찾아낸다면(그 조건이 언제 어떻게 갖추어질지는 모르지만), 우리는 미래에 대해 무언가를 말할 수 있다는 겁니다. 그러니까 경험 속 사건을 원인이 아니라 징후(표지)로 읽자는 겁니다.

과연 그런 '사건'이 있었을까요? 칸트는 프랑스 혁명이 그런 '사건'이라고 했습니다. 그런데 그는 '사건'의 장소를 아주 독특한 곳에서 찾았습니다. 이상한 말처럼 들리겠지만,

그는 프랑스 혁명을 프랑스가 아닌 다른 곳에서 보았습니다. 프랑스에서 일어난 혁명 자체는 성공할 수도 있고 좌절할 수도 있습니다. 실제로 칸트는 프랑스 혁명과 그 이후 그것이 공포정치로 전환되는 과정을 지켜보았습니다. 혁명의 주인공들은 패배할 수도 있고 변절할 수도 있습니다.

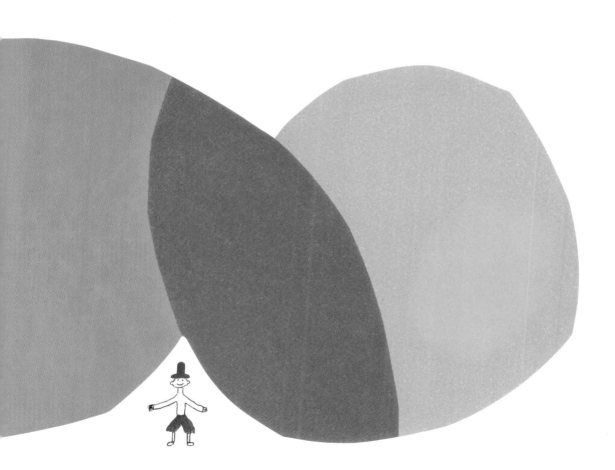

그런데 칸트에 따르면 중요한 것은 그것이 아닙니다. 정작 중요한 혁명, 그러니까 '사건'은 다른 곳에서 일어납니다. 그것은 프랑스 혁명을 지켜본 사람들의 마음속입니다. "혁명은 거기에 참여하지 않은 모든 구경꾼들의 가슴속에 열광에 가까운 소망을 갖고 동참하려는 욕구를 불러일으켰다." 즉 '함께하고 싶은 마음' 그것이 바로 혁명이라는 겁니다.

여성들의 행진 프랑스 혁명 때 여성들도 주요한 역할을 했다. 베르사유 궁전으로 행진하는 여성들의 모습을 그린 1789년 작품.

정작 구경꾼 자신은 언제 어떻게 일어났는지 모르지만 어느새 맘속에 혁명이 일어납니다. 남의 일을 내 일로 받아들이고 '공감'하는 것이죠. 바로 여기서 우리는 '인류'라는 말을 쓸 수 있습니다. 당사자도 아닌데 왜 끼어드느냐고 말하는 사람은 '인류'의 자격이 없습니다. 내가 나를 떠나 너에게 갈 수 있을 때, 그런 '공감'이 인간에게 내재한 소질이고 능력입니다. 이것이 칸트가 '진보'라는 말을 긍정할 수 있었던 이유입니다. 그러니까 계몽의 세 번째 의미로서 '인간'이라는 말에는 '연대'라는 뜻이 담겨 있습니다. 그러니 계몽된 인간이란 '감히 따져 묻는' 용기 있는 인간, '나를 넘어서는' 자유로운 인간만이 아니라, '너에게 다가가는', 다시 말해 '너에게 공감하는' 연대하는 인간이라고 하겠습니다.

우리가 가진 힘

어떻게 하면 우리는 계몽을 위한 소질과 능력을 키울 수 있을까요? 칸트는 부족하나마 곧바로 자유에서 시작해야 한다고 말합니다. 누군가에게 이끌려서 자유로 가는 길은 없다는 것이죠. 『학부들의 논쟁』에서 그는 검열에 반대하면서 이렇게 말했습니다. "자유에 미리 들어서지 못하면, 자유를 향해 성숙할 수도 없다. 자유로운 가운데 자신의 힘을 이용할 수 있기 위해서라도 사람은 자유로워야 한다. 처음의 시도는 물론 조야하며, 일반적으로 어렵고 위험한 상황과 결부되어 있다. 그래서 사람들은 명령 아래에 있고, 다른 사람의 후견 아래에 있다. 인간은 자신의 고유한 시도를 통하지 않고서는 달리 이성을 위해 성숙할 방법이 없다."

별수가 없답니다. 우리 자신이 미약하나마 스스로 시도해 보는 수

밖에요. 우리 자신이 스스로 걸어 보는 수밖에요. 다만 칸트는 「계몽이란 무엇인가에 대한 답변」에서 이렇게 위로해 줍니다. "위험은 실제로 그렇게 큰 것은 아니"라고요. 그 위험들이란 "종종 넘어져 뒹굴 정도"이고, 시도하다 보면 우리는 "결국에는 걸을 수 있으니까"요. 게다가 우리는 어떤 한 사람이, 어떤 한 민족이 시도하는 것 속에서 용기를 내게 될 겁니다. 한 민족의 공적인 행동은 다른 민족의 공감을 불러일으키고, 한 개인의 용기 있는 고백과 선언은 다른 개인의 마음속에서 무언가를 일깨우니까요.

칸트는 다만 우리에게 그런 능력이 있다는 것을 끊임없이 말했습니다. 그러고 보니 그의 철학 전체가 그런 말을 합니다. 그는 인간이 법이나 질서 이전에 '입법 능력'을 갖고 있다는 것, '인간'을 해명하는 것은 인간이 가진 '능력'을 해명하는 것이라는 점을 여러 각도에서 말한 셈이니까요. 우리 모두는 자신을 넘어설 힘을 갖고 있답니다. 중요한 것은 그 힘을 내는 겁니다. 힘을 내세요.

◉

계몽이란 우리가 마땅히 스스로 책임져야 할

미성년 상태로부터 벗어나는 것이다.

미성년 상태란 지도 없이는 자신의 지성을 사용할 수 없는 상태이다.

이 미성년 상태의 책임을 마땅히 스스로 져야 하는 것은,

이 미성년의 원인이 지성의 결핍에 있는 것이 아니라

다른 사람의 지도 없이는 지성을 사용할 결단과 용기가 없는 경우이다.

그러므로 "감히 알려고 하라(Sapere aude)!",

"너 자신의 지성을 사용할 용기를 가져라!" 하는 것이

계몽의 표어이다.

◉

침묵하지 말고
따져 물어라
———

「욥기」

김현식

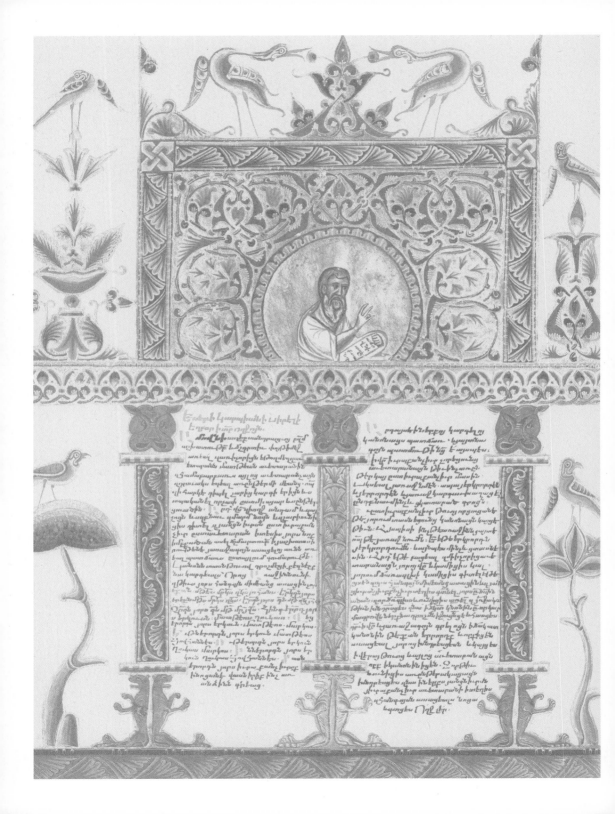

『성서』, 인간의 이야기

종이가 발명되고 인쇄 기술이 발전하면서 수많은 책이 세상에 나왔습니다. 그 가운데 가장 많이 출간된 책은 무엇일까요? 더불어 가장 많은 언어로 번역된 책은 무엇일까요? 정확한 통계를 내기 힘들지만 많은 사람은 『성서』를 꼽습니다. 거의 모든 언어로 번역된 데다 지금도 끊임없이 찍히고 있으니 근거 없는 낭설은 아닐 겁니다. 그러나 이렇게 널리 알려진 책인데도 『성서』를 읽어 본 사람을 만나기는 쉽지 않습니다. 사실 기독교인이 아닌 이상 『성서』를 가까이하기는 힘듭니다. 교회를 다니지 않는, 신앙을 갖지 않은 사람이 이 책을 읽기에는 여러 장벽이 있는 것이 사실이지요. 그렇지만 『성서』가 인류 역사에 끼친 영향을 생각하면 한 번쯤 꼭 읽어 봐야 하는 책이라 하겠습니다.

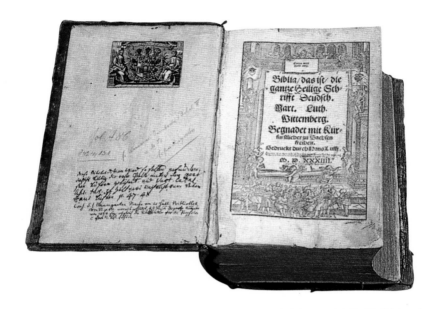

마르틴 루터의 『성서』 독일의 성직자 마르틴 루터가 독일어로 번역해 1534년에 출간한 『성서』. 기존의 라틴어 『성서』는 성직자를 제외한 일반인들이 읽기 힘들었다. 루터의 번역으로 독일인들은 쉽게 『성서』를 읽을 수 있게 되었다.

　　많은 고전이 그렇듯 『성서』 역시 한 사람이 혼자서 짧은 기간에 완성한 책이 아닙니다. 수백 년에 걸쳐 여러 명의 저자가 쓴 책을 묶어 놓은 것입니다. 그래서 보통 66권의 책을 하나로 묶어 『성서』라고 부릅니다. 여기서 '보통'이라고 말한 까닭은 66권보다 많은 경우도 있기 때문입니다. 가톨릭에서 보는 『성서』가 대표적인데 여기에는 '외경外經'이라 불리는 책들이 들어 있습니다. 대표적으로 구스타프 클림트의 작품으로 널리 알려진 「유딧」이 있습니다. 이렇게 권수가 차이

나는 이유는 『성서』를 편집하는 기준이 서로 달랐기 때문입니다.

그러나 외경을 제외한 66권은 모든 교회가 이견 없이 함께 사용합니다. 이 66권은 다시 '구약'과 '신약'으로 나뉩니다. 예수에 관한 기록을 중심으로 나뉘는데, 간단히 기원전 기록은 구약, 기원후에 기록된 것은 신약이라고 부릅니다. 한편 구약은 크게 '율법서', '역사서', '시가서', '예언서'로 나뉩니다.

이 중 율법서를 '모세오경'이라 부르기도 하는데, 전통적으로 모세가 이 다섯 권의 책을 썼다고 전해지기 때문입니다. 천지창조의 이야기를 다룬 「창세기」, 이집트에서 탈출하는 이야기를 담은 「출애굽기」 등이 여기에 속합니다. 아담과 하와, 노아와 아브라함, 요셉과 모세와 같은 인물의 이야기가 여기에 들어 있습니다. 더불어 십계명과 같은 신의 가르침이 기록되어 있습니다.

역사서는 이스라엘 민족의 역사가 기록된 부분입니다. 족장의 시대에서 왕조 국가로 어떻게 발전했는지, 그리고 이 왕조 국가가 어떻게 멸망했는지 기록해 놓았습니다. 삼손, 다윗, 솔로몬과 같은 인물 이야기가 여기에 들어 있습니다. 고대 이스라엘 왕조는 바빌로니아와 아시리아라는 제국에 멸망당하고 맙니다. 그리고 백성은 포로로 끌려가지요. 그런데 이후 역사를 보면 바빌로니아나 아시리아는 약과였습니다. 바빌로니아가 페르시아에게 망하고, 이 페르시아는 다시 알렉산드로스라는 희대의 영웅에게 무너집니다. 알렉산드로스 사후 잠깐 숨을 돌리는가 싶더니 이번엔 로마라는 초강대국이 등장합니다. 이런 혼란 속에서 예언자들이 등장합니다. 이들은 이 모든 것이 하느님의 뜻이라 주장했습니다. 이들의 말과 행적을 기록한 책을 모아 예언서라고 부릅니다.

이처럼 『구약성서』는 고대 이스라엘의 역사를 바탕으로 기록되었습니다. 이스라엘 즉 유대 민족은 매우 종교적이어서 역사를 신의 섭리라고 생각했습니다. 그래서 『구약성서』에는 신앙 고백적 표현이 많습니다. 그러나 기본 구조는 구체적인 역사와 긴밀하게 연결되어 있습니다. 그런데 '시가서'라 분류되는 책은 좀 다릅니다. '시가詩歌', 즉 노래로 불렸던 '시'를 가리킵니다. 일종의 문학 텍스트인 것이지요.

이 가운데 우리가 만날 「욥기」는 문학적 특성이 가장 두드러지게 나타난 훌륭한 작품입니다. 문학적이라는 것은 이 글이 가지고 있는 독특한 내용과 체계 때문에 그렇습니다. 전혀 역사적이지 않은, 분명히 누군가 지어냈을 것이 분명한 '이야기'가 여기에 있습니다.

「욥기」, 신의 내기 현장

「욥기」는 이렇게 시작합니다. 참고로 아래에 인용하는 『성서』 구절은 『공동번역 성서』에서 가져왔습니다. 여러 『성서』 번역 가운데 문학적인 감성을 잘 살린 번역이라고 생각하기 때문입니다.

> 우스라는 곳에 한 사람이 있었는데 그의 이름은 욥이었다. 그는 완전하고 진실하며 하느님을 두려워하고 악한 일은 거들떠보지도 않는 사람이었다. (1:1)

「욥기」는 '욥의 이야기'라는 뜻으로, 당연히 주인공은 욥입니다. 그는 '우스'라는 곳에 살았던 사람이었습니다. 그런데 이 우스는 『구약성서』의 주 무대가 아닙니다. 이곳은 이스라엘 사람들이 이방 민족의 땅이라고 생각하던 곳이었습니다. 대체 왜 이 낯선 곳에서 이야기를 시작하는 것일까요? 게다가 뒤에 이어지는 내용을 보면 농경 민족으로 정착하기 훨씬 이전 유목 민족 시대의 이야기를 담고 있다는 점을 알 수 있습니다. 낯선 땅에서 벌어지는 아주 먼 옛날의 이야기, 이것이 욥 이야기의 배경입니다.

그런데 갑자기 이야기의 무대가 바뀝니다.

하루는 하늘의 영들이 야훼 앞에 모여 왔다. 사탄이 그들 가운데 끼여 있는 것을 보시고 야훼께서 사탄에게 물으셨다. "너는 어디 갔다 오느냐?" 사탄이 대답하였다. "땅 위를 이리저리 돌아다니다가 왔습니다." (1:6~7)

여기서 '야훼'는 『구약성서』에 등장하는 유일신의 이름입니다. 이 야훼가 '하늘의 영', 즉 천사들과 함께 있을 때 사탄이 등장합니다. 이 장면 자체가 「욥기」가 문학 텍스트라는 점을 잘 보여 줍니다. 왜냐하면 야훼를 믿는 이스라엘 사람에게도 이 장면은 당혹스러운 것이기 때문입니다. 선한 야훼가 악한 사탄과 만나 이야기하다니! 『구약성서』에 대한 깊은 이해가 없더라도 납득하기 힘든 장면입니다. 어떻게 선한 신과 악한 사탄이 함께 있을 수 있을까요. 마치 빛과 어둠이 함께 공존하는 것처럼 말이 안 되는 상황입니다. 그러나 문학이란 늘 이런 상상 속에 쓰인다는 점을 기억합시다. 정반대의 존재, 야훼와 사탄이 마주하면 바로 싸워야 할 것 같지만 그렇지 않습니다. 이 둘의 관심은 욥에게 있습니다.

> 야훼께서 사탄에게. "그래, 너는 내 종 욥을 눈여겨보았느냐? 그만큼 온전하고 진실하며 하느님을 두려워하고 악한 일은 거들떠보지도 않는 사람은 땅 위에 다시없다." 하고 말씀하시자, 사탄이 야훼께 아뢰었다. "욥이 어찌 까닭 없이 하느님을 두려워하겠습니까? 당신께서 친히 그와 그의 집과 그의 소유를 울타리로 감싸 주시지 않으셨습니까? 그가 손으로 하는 모든 일에 복을 내려 주셨고 그의 가축을 땅 위에 번성하게 해 주시지 않으셨습니까? 이제 손을 들어 그의 모든 소유를 쳐 보십시오. 그는 반드시 당신께 면전에서 욕을 할 것입니다." 야훼께서 사탄에게 이르셨다. "좋다! 이제 내가 그의 소유를 모두 네 손에 부친다. 그러나 그의 몸에만은 손을 대지 마라." 이에 사탄은 야훼 앞에서 물러 나왔다. (1:7~12)

야훼는 욥에 대해 칭찬을 아끼지 않습니다. 온전하며 진실하고 악한 일은 거들떠보지도 않는답니다. 그래서 욥과 같은 사람은 땅 위에 아무도 없답니다. 죄 없이 완전한 인간이라는 뜻이지요. 이처럼 깨끗한 인간에게 시험이 닥칩니다. 사탄의 주장이 이렇습니다. 그가 바른 삶을 사는 데는 다 이유가 있기 때문이라는 것이지요. 복을 주었기 때문에 욥이 그렇게 선한 사람일 수 있다는 말입니다.

욥은 매우 부자였습니다. 그렇다면 그 재산을 다 없애 버리면 어떻게 될까? 그렇게 되면 욥은 달라지지 않을까? 흥미롭게도 야훼는 사탄의 제안을 받아들입니다. 욥에게 한번 저주를 내려 보자는 것이지요. 대신 욥을 다치게 하지 말라고 말합니다. 그 결과 욥의 집안에 엄청난 재앙이 닥칩니다. 욥에게 소식들이 도착하는데 모두 끔찍한 것들뿐입니다.

첫째 사람이 전하길, 도적 떼가 소와 나귀를 약탈했답니다. 그 말이 끝나기도 전에 두 번째 사람이 전하기를 하늘에서 벼락이 떨어져 모든 양이 죽었답니다. 그 말이 끝나기 전에 다른 도적들이 낙타를 모두 빼앗아 갔다는 소식이 들려옵니다. 일꾼들도 모두 죽었습니다. 이어서 전해진 마지막 소식은 이렇습니다. 일곱 아들과 세 딸이 함께 모여 잔치를 벌이다 집이 무너져 다 죽었다고.

자, 욥이 시험대에 섰습니다. 과연 욥의 행동은 누구의 손을 들어 주었을까요? 야훼일까요 아니면 사탄일까요? 당연히 야훼의 승리였습니다. 사탄의 시험이 실패로 돌아간 것이지요. 이런 끔찍한 상황에도 욥은 이렇게 말합니다.

입을 열었다. "벌거벗고 세상에 태어난 몸, 알몸으로 돌아가리라. 야훼께서 주셨던 것, 야훼께서 도로 가져가시니 다만 야훼의

이름을 찬양할지라." 이렇게 욥은 이 모든 일을 당하여 죄를 짓지 않았고 하느님을 비난하지도 않았다. (1:21~22)

평범한 사람의 시각에서는 도무지 납득할 수 없는 일입니다. 욥은 야훼가 준 것을 야훼가 가져갔을 뿐이라고 말합니다. 그러나 여기서 끝이 아닙니다. 새로운 시련이 기다리고 있기 때문입니다.

야훼께서 사탄에게, "너는 내 종 욥을 눈여겨보았느냐? 그만큼 온전하고 진실하며 하느님을 두려워하고 악한 일은 거들떠보지도 않는 사람은 땅 위에 다시없다. 그는 여전하지 않느냐? 네가 나를 충동하여 그를 없애려고 했지만 다 헛일이었다." 그러자 사탄이 대답하여 아뢰었다. "가죽으로 가죽을 바꿉니다. 사람이란 제 목숨 하나 건지기 위해 내놓지 못할 것이 없는 법입니다. 이제 손을 들어 그의 뼈와 살을 쳐 보십시오. 제가 보장합니다. 그는 반드시 당신께 면전에서 욕을 할 것입니다." 야훼께서 사탄에게 이르셨다. "좋다! 이제 내가 그를 네 손에 부친다. 그러나 그의 목숨만은 건드리지 마라." 사탄은 야훼 앞에서 물러 나오는 길로 곧 욥을 쳐 발바닥에서 정수리까지 심한 부스럼이 나게 하였다. (2:3~7)

가족과 재산을 잃었으니 이제 남은 것은 몸뚱이 하나입니다. 그 몸을 건드리면 어떻게 될까? 사탄의 집요함은 끝나지 않습니다. 이제 그의 건강을 노릴 차례입니다. 재산과 가족을 잃는 슬픔이 채 가시기도 전에 욥은 온몸에 부스럼이 나 고통에 시달립니다. 부스럼이 대수겠냐고 생각하겠지만 당시 이스라엘 사람들은 부스럼과 같은 피부병을 신의 저주를 받은 매우 고약한 질병이라고 보았습니다. 즉, 욥은 지금 저주받은 병에 시달리고 있습니다. 고통스럽지만 죽을 수도 없습니다. 왜냐하면 '목숨만은 건드리지 마라.'는 것이 이 내기의 조건이었기 때문입니다.

야훼와 사탄의 내기 놀음에 욥은 잔인하게 시달립니다. 그러나 안타깝게도 그는 이런 상황을 알지도 못합니다. 대체 이토록 부조리한 일이 어디 있나요. 대체 「욥기」의 저자는 무슨 생각에서 이렇게 이야기를 시작하는 것일까요.

바로 고통의 문제를 정면으로 다루고자 하기 때문입니다. 『구약성서』에서 야훼는 자신의 가르침을 따르면 복을 주겠다고 약속했습니다. 이 계약에 따르면 욥은 축복을 받아야 할 인물입니다. 그런데 아무 이유 없이 욥에게 저주가 내립니다. 그가 겪는 고통은 부당합니다. 그러나 생각해 보면 이런 경험은 비단 욥에게만 있는 것은 아닙니다. 정말 처절한 고통은 아무 이유 없이 찾아오기 마련입니다. 가족이 죽거나 중병에 걸리는 것에 어떤 합당한 이유가 있던가요? 불행은 예고 없이 찾아옵니다. 그렇기 때문에 고통스럽습니다.

따라서 「욥기」의 저자가 첫머리에 야훼와 사탄의 내기를 넣은 것은

욥에 관한 그림 영국의 시인이자 화가인 윌리엄 블레이크는 「욥기」의 내용을 21편의 그림으로 그렸
다. 왼쪽 위부터 시계 방향으로 「욥과 그의 가족」 「욥에게 부스럼을 내리는 사탄」 「욥을 비난하는 세
친구」 「폭풍 속에 욥에게 대답하는 야훼」이다.

일종의 문학적 장치입니다. 이유 없는 불행, 이로부터 빚어지는 고통을 다루기 위한 것입니다. 여기에 고통을 당하는 욥이 처음에 "완전하고 진실하며 악한 일을 저지르지 않는" 사람으로 소개되었다는 점을 기억합시다. 불행이란 이유 없이, 예고 없이 찾아오지만 죄 없는 사람에게 찾아올 때 이 고통은 배가 됩니다. 만약 욥이 보통 사람이라면, 혹은 악한 일을 저질렀다면 이야기는 다른 방향으로 흐를 것입니다. 그러나 이 잔인한 이야기는 납득할 수 없는 상황에서 출발합니다. 불행은 주어졌고 고통은 시작되었습니다. 이 부조리한 상황에 대해 대체 「욥기」는 무슨 말을 하고 싶은 것일까요.

고통의 이유

「욥기」를 읽으면 야훼와 사탄이 너무 잔인하다고 생각하기 쉽습니다. 내기 때문에 한 사람의 삶을 이토록 통째로 망가뜨려도 되는 것일까, 의문이 들지요. 그러나 역사를 보면 이런 일은 종종 있어 왔습니다. 모두 잔인한 인간이 벌인 일입니다. 대표적으로 아우슈비츠 수용소가 있습니다. 그곳에서 수백만 명의 사람이 죽었습니다. 일부는 병으로, 일부는 가스실에서 목숨을 잃었습니다. 나치는 시체를 모아 구덩이에 넣고 불태웠습니다. 단지 유대인이라는 이유로 말입니다.

죄 없이 고통당한 사람의 이야기가 비단 이것에 불과할까요. 오늘날 우리 사회에도 욥과 같은 고통을 당하는 사람이 적지 않습니다. 조금만 관심을 기울여 보면 이런 사람의 이야기를 찾는 것은 어렵지 않습니다. 어느 날 갑자기 참혹한 고통에 시달리는 사람이 있습니다. 따라서 욥의 이야기는 바로 오늘 우리의 이야기이기도 합니다. 그렇기에 우리는 「욥기」를 읽으며 고통이라는 보편적인 문제를 고민하게 됩니다.

욥의 이야기는 이어서 세 친구와의 논쟁으로 전개됩니다. 소식을 듣고 세 친구가 찾아옵니다. 엘리바즈, 빌닷, 소바르라는 사람이 각각 다른 곳에서 찾아왔습니다. 이들은 욥의 고통을 보고 아무 말도 할 수 없었습니다. 욥의 모습이 너무도 처참했기 때문입니다. 그러나 욥의 외침으로 침묵이 깨어집니다.

마침내 욥이 먼저 입을 열어 자기의 생일을 저주하며 부르짖었다. 내가 태어난 날이여, 차라리 사라져 버려라. 사내아이를 배었다고 하던 그 밤도 사라져 버려라. 그 날이여, 어둠에 뒤덮여 위에서 하느님이 찾지도 않고 아예 동트지도 마라. 칠흑 같은 어둠이 그 날을 차지하여 구름으로 덮고 해는 그 빛을 잃게 하여 그 날을 공포 속에 몰아넣어라. (3:1~5)

차라리 태어나지 않았다면, 죽어 버렸다면 이토록 고통스럽지는 않았을 텐데. 욥의 부르짖음처럼 고통은 삶을 갉아먹기 마련입니다. 그러나 욥의 친구는 이런 불평을 참을 수 없었습니다. 엘리바즈는 아마도 이런 고통을 당하게 된 데는 이유가 있을 것이라고 말합니다.

즉, 뭔가 잘못을 저질렀기 때문에 이런 고통을 당한 게 아니냐고 묻습니다.

> 땅에서 불행이 솟아나는 일 없고 흙에서 재앙이 돋아나는 일도 없으니 재난은 사람이 스스로 빚어내는 것, 불이 불티를 높이 날리는 것과 같다네. (5:6~7)

그러나 욥은 대체 무엇을 잘못했는지 모르겠다고 답합니다. 엘리바즈는 인과응보를 주장합니다. 우리의 일반적인 생각으로는 엘리바즈의 말에 고개를 끄덕이겠지만, 앞서 야훼와 사탄의 내기를 본 이상 욥의 말을 무시할 수 없습니다. 대체 내가 잘못한 것이 무엇이냐는 욥의 항변에 귀를 기울일 수밖에 없습니다.

> 좀 가르쳐 주게. 내가 무슨 실수라도 했다면 깨우쳐 주게. 나 입을 다물겠네. 진심으로 하는 말은 힘이 된다는데 자네들은 어찌하여 나무라기만 하는가? 남의 말꼬투리나 잡으려 하는가?(6:24~25)

욥은 누구보다 잘 알고 있습니다. 이 고통에 이유가 없다는 것을. 그는 고통 속에서 불평하고 부르짖을 수밖에 없습니다. 그러나 엘리바즈는 그 고통의 원인이 있을 것이라며 욥에게 자신을 돌아보라고

「친구들에게 비난받는 욥」 욥의 친구들은 고통받고 있는 욥을 찾아와 저마다 충고를 한다. 랭부르 형제의 15세기 작품.

말합니다. 그러나 이 말은 욥의 상황을 이해하고 있지도 못하며, 욥을 위로해 주지도 못합니다.

욥이 바라는 것은 자신의 말을 들어 주는 것입니다. 세 친구와 논쟁하면서 욥은 끊임없이 "내 말에 귀를 기울여 주게."라고 말합니다. 물론 이것은 일종의 신세 한탄과도 같습니다. 욥은 자신의 삶을 저주하며 부정적인 말을 늘어놓습니다. 아픈 사람이 우는 것은 당연합니다. 그런데 그 사람보고 네 잘못이 무엇이냐고 묻는 사람이란 얼마나

얄미울까요. 「욥기」는 인간에게 진정으로 고통스러운 일이란 이유를 찾을 수 없는 불행이라고 말합니다. 이것은 자연적인 재해일 수도 있고, 때로는 사회적인 체제에서 비롯되는 것일 수 있습니다. 한 개인이 어찌할 수 없이 맞이한 불행이야말로 크나큰 고통을 전해 줍니다.

인간을 고통스럽게 하는 일은 여러 가지가 있지만 가난을 빼놓을 수 없을 것입니다.

인생은 땅 위에서 고역이요 그의 생애는 품꾼의 나날 같지 않은가? 해 지기를 기다리는 종과도 같고 삯을 기다리는 품꾼과도 같지 않은가? 달마다 돌아오는 것은 허무한 것일 뿐, 고통스런 밤만이 꼬리를 문다네. 누우면 "언제나 이 밤이 새려나." 하고 기다리지만 새벽은 영원히 올 것 같지 않아 밤이 새도록 뒤척거리기만 하는데, 나의 몸은 구더기와 때로 뒤덮이고 나의 살갗은 굳어졌다가 터지곤 하네. (7:1~5)

하루 종일 고통스럽게 일하는 사람이 있습니다. 힘든 노동을 끝냈지만 잠자리마저 불편해 뒤척일 수밖에 없습니다. 이 고달픈 삶에 대해 대체 무어라 말할 수 있을까요. 많은 사람이 이런 고달픈 삶의 원인을 그 개인에게서 찾습니다. 게을러서 그렇다느니, 능력이 부족해서 그렇다느니. 그러나 가난이란, 힘겨운 노동이란 대체로 사회의 구조적 문제에서 비롯됩니다.

'워킹 푸어'라는 말이 있습니다. 쉽게 옮기면 '일하는 가난뱅이'라는 뜻입니다. 일해도 가난에서 벗어날 수 없는 사람들을 일컫는 말이지요. 대체 왜 이런 일이 벌어지는 것일까요. 노동을 통해 벌어들일 수 있는 소득은 제한되어 있는데, 개인이 지출해야 하는 몫은 너무도 많기 때문입니다. 그러니 빚을 내서 집을 사고, 학교를 다니고, 결혼을 하는 일까지 벌어집니다.

이렇게 사회 구조의 문제인데도 엘리바즈와 같이 말하는 사람이 있습니다. 너에게 네 고통의 이유, 즉 가난의 이유가 있을 것이라고. 그러나 이것은 고통을 제대로 다루는 방법이 아닙니다. 고통에 공감하지도 못했을뿐더러, 고통의 문제를 근본적으로 해결할 수도 없습니다.

엘리바즈가 고통이 발생한 책임을 묻는다면, 빌닷과 같은 친구는 고통의 교훈에 대해 말합니다. 혹시 식당 같은 곳에서 "네 시작은 미약하였으나 네 나중은 심히 창대하리라."(『개역개정 성서』)라는 구절을 본 적이 있는지요. 바로 욥의 친구 빌닷의 말을 옮겨 놓은 것입니다. 지금은 힘들지만 나중에는 나아질 것이라는 말이지요. 그러나 이는 「욥기」를 잘못 이해한 대표적인 예입니다. 그저 좋은 말이라고 가져다 쓴 것에 불과합니다. 빌닷은 욥의 고통을 전혀 이해하지 못합니다. 위로랍시고 건네는 말이지만 아무런 힘이 없는 말입니다.

자네 아들들이 그분께 죄를 지었으므로 그분께서 그 죗값을 물

으신 것이 분명하네. 그러니 이제라도 자네는 하느님을 찾고 전
능하신 분께 은총을 빌게나. 자네만 흠이 없고 진실하다면 이제
라도 하느님께서는 일어나시어 자네가 떳떳하게 살 곳을 돌려주
실 것일세. 처음에는 보잘것없겠지만 나중에는 훌륭하게 될 것
일세. (8:4~7)

빌닷은 고통에는 특정한 목적이 있다고 말합니다. 또 다른 성숙을
위한 과정일 것이라고 위로하는 것이지요. 물론 어떤 사람은 고통을
통해 성숙할 수도 있습니다. 그러나 모든 고통이 그런 것은 아닙니
다. 도리어 대부분의 고통은 우리를 당혹스럽게 만들 뿐입니다. 과연
고통에는 어떤 숭고한 의미가 숨어 있을까요? 이렇게 고통을 의미화
하는 것은 고통의 본질을 잊게 만듭니다. 고통의 본질이란 성숙을 위
한 과정이라기보다는 괴로움 그 자체이기 때문입니다.

빌닷은 미래의 축복을 이야기하며 현재의 고통을 참으라고 말합니
다. 그러나 이런 이야기는 뿌린 대로 거둘 수 있는 사회에서나 통하
는 말입니다. 그런데 우리가 살아가는 삶이 과연 그렇던가요?

악한 자들은 지계표를 멋대로 옮기고 남의 양 떼를 몰아다가 제
것인 양 길러도 좋고 고아들의 나귀를 끌어가고 과부의 소를 저
당 잡아도 되는가. 가난한 사람들을 길에서 밀쳐 내니 흙에 묻혀
사는 천더기들은 아예 숨어야 하는가. 들나귀처럼 일거리를 찾

아 나가는 모습을 보게. 행여나 자식들에게 줄 양식이라도 있을까 하여 광야에서 먹이를 찾아 헤매는 저 모양을 보게. 악당들의 밭에서 무엇을 좀 거두어 보고 악인의 포도밭에서 남은 것을 줍는 가련한 신세. 걸칠 옷도 없이 알몸으로 밤을 새우고 덮을 것도 없이 오들오들 떨어야 하는 몸, 산에서 쏟아지는 폭우에 흠뻑 젖었어도 숨을 곳도 없어 바위에나 매달리는 불쌍한 저 모습을 보게. 아비 없는 자식을 젖가슴에서 떼어 내고 빈민의 젖먹이를 저당 잡아도 괜찮은가. 걸칠 옷도 없이 알몸으로 나들이를 해야 하고 빈창자를 움켜잡고 남의 곡식 단을 날라야 하는 신세, 악인들의 돌담 사이에서 기름을 짜며 포도 짜는 술틀을 밟으면서 목은 타오르고 죽어 가는 자의 신음 소리와 얼벅맞아 숨이 넘어갈 듯 외치는 소리가 도시마다 사무치는데 하느님은 그들의 호소를 들은 체도 아니하시네. (24:2~12)

여기서 '지계표'란 토지의 경계를 표시하는 것을 말합니다. 그런데 악한 사람이 이것을 멋대로 옮깁니다. 다른 사람의 소유를 함부로 빼앗는 것이지요. 고아나 과부와 같은 약자에게도 예외가 없습니다.

「욥기」에서 우리는 힘 있는 자들이 멋대로 약한 자들의 것을 빼앗아 가는 현실을 목도합니다. 고통스럽게 노동하는 사람이 있습니다. 이들은 가난하기 때문에 힘든 노동을 하는 게 아닙니다. 도리어 문제는 다른 데 있습니다. 누군가 힘 있는 자가 멋대로 빼앗아 가 버렸기

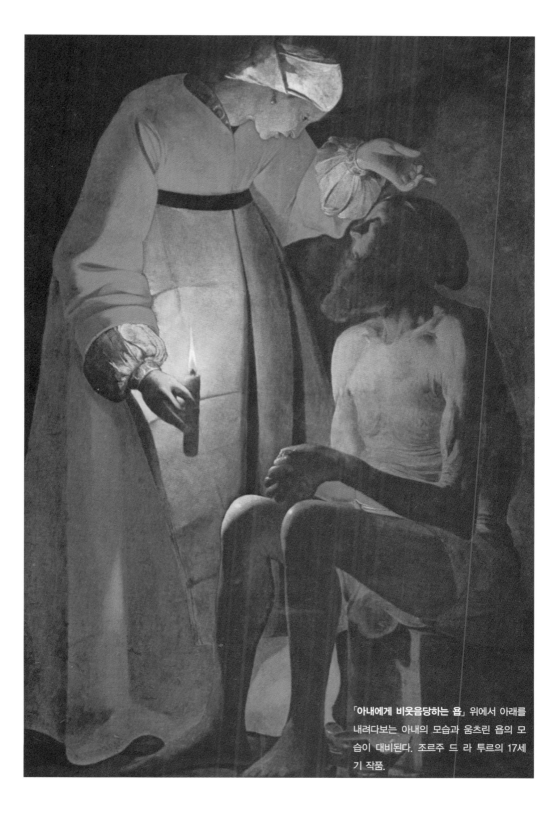

「아내에게 비웃음당하는 욥」 위에서 아래를 내려다보는 아내의 모습과 움츠린 욥의 모습이 대비된다. 조르주 드 라 투르의 17세기 작품.

때문입니다. 결국 막다른 곳으로 내몰린 이들은 눈치를 보아 가며 먹거리를 주워야 합니다. 더 나아가 젖먹이가 먹는 젖까지 팔아야 합니다. 굶주린 채로 곡식을 나르고, 목마른 상태로 술틀을 돌려야 합니다. 인간 세상이란 이처럼 잔혹합니다.

'흙에 묻혀 사는 천더기'란 편안한 주거 공간을 얻지 못한 사람을 가리킵니다. 오늘날 우리 사회에는 옥탑방과 반지하가 그렇습니다. 추위와 더위에 노출되거나 햇볕도 제대로 들지 않는 거주환경. 이것은 결코 땅이 좁고 집이 모자라기 때문이 아닙니다. 지나치게 많은 땅과 집을 소유한 소수가 그것을 무기 삼아 힘없는 사람들을 내쫓았기 때문입니다.

한국 사회의 노동 조건이 전 세계에서도 손꼽히게 나쁘다는 것은 잘 알려진 사실입니다. '들나귀처럼 일거리를 찾아 나가는 모습'이라는 말처럼 많은 사람들이 힘겹게 노동하며 살고 있습니다. 힘들게 노동해야 하지만 그만한 몫은 돌아오지 않습니다. 비단 노동자들만 그럴까요. 학습 노동에 시달리는 청소년들의 삶도 크게 다르지 않습니다. 10년이 넘게 힘들게 공부해서 세상에 나왔지만 정작 일자리를 찾기란 하늘의 별따기처럼 힘듭니다.

빌닷의 말대로 고통스러운 삶이 다른 축복으로 보상받을 수 있으려면, 희망을 그리려면, 지금 현실이 인과응보를 보여 주어야 합니다. 악한 사람들에게 저주를! 그러나 세상은 그렇지 않습니다.

나도 그 생각만 하면, 미칠 것 같네. 몸에 소름이 다 끼치네. 악한 자들이 오래 살며 늙을수록 점점 더 건강하니 어찌 된 일인가? 자식들이 든든히 자리를 잡고 후손들이 잘사는 것을 보며 흐뭇해하지 않는가? 그들의 집은 태평 무사하여 두려워할 일이 없고 하느님에게 매를 맞는 일도 없지 않는가? (21:6~9)

오늘날 우리 사회만 보더라도 욥의 불만을 이해할 수 있습니다. 커다란 잘못을 저지른 사람이 뻔뻔하게도 큰 목소리를 내며 떵떵거리고 사는 모습을 어렵지 않게 볼 수 있습니다. 게다가 그런 사람들은 몸도 건강한 데다 자식도 잘살고 있습니다. 만약 신이 있다면 이러한 사람을 그냥 두고 볼 수 없지 않을까요? 대체 신은 어디 있느냐고 물을 수밖에 없습니다.

이런 질문에 대해 일부 기독교가 답하는 것은 천국과 지옥입니다. 비록 이 세상에서 공과가 제대로 평가받지 못하더라도 죽은 뒤에는 제대로 평가받으리라는 믿음입니다. 그러나 「욥기」의 관점에서 보자면 이런 대답은 불충분합니다. 왜냐하면 「욥기」는 천국과 지옥의 심판을 이야기하지 않기 때문입니다. 신약시대에 가야 천국과 지옥에 대한 이야기가 나옵니다. 적어도 「욥기」의 저자는 천국과 지옥을 생각하지 않았습니다.

세상은 불의하며 이를 해결할 수 있는 방법도 없습니다. 이 잔혹한 부조리 속에서 대체 어떻게 해야 하는 것일까요? 여기서 앞서 「욥기」

가 문학적 텍스트라고 했던 점을 기억합시다. 문학이란 어떤 문제의 해답을 말해 주는 것이 아닙니다. 대신 문학은 직면한 문제를 드러내며 그 진실 위에서 또 다른 길을 상상할 수 있도록 도와줍니다. 그 길이 맞는 것인지 그른 것인지는 중요하지 않습니다. 다만 어떤 문제를 다른 시각에서 볼 수 있다는 점이 중요합니다. 마찬가지로 「욥기」에서 우리가 읽어야 할 것은 이 불의한 세상의 문제를 어떻게 해결할 것인가 하는 뚜렷한 방법이 아니라, 도리어 이 불의한 세계 속에서 겪게 되는 고통을 어떻게 다룰 것인가 하는 점입니다.

「욥기」의 결말을 앞당겨 이야기하면, 이야기는 야훼의 등장으로 끝납니다. 야훼는 욥의 편을 들어 줍니다. 반대로 욥을 비방했던 세 친구는 야훼의 분노를 삽니다. 그들은 "욥처럼 솔직하지 못하였"(42:7)기 때문입니다. 따라서 「욥기」를 통해 우리는 적어도 고통을 대하는 두 가지 잘못된 시각을 배울 수 있습니다. 하나는 고통의 원인을 따지는 태도입니다. 다른 하나는 고통에서 어떤 교훈을 찾으려는 것입니다.

과거에서 고통의 원인을 찾든, 미래에 다가올 고통의 결과를 예측하든 이 둘 모두 현재의 고통을 바라보지 않는다는 점은 동일합니다. 고통의 본질은 현재에 있습니다. 정말 고통스러운 '지금'이 문제입니다. 따라서 고통에 대해 과거의 원인을 따지거나 미래의 교훈을 찾기보다 지금 경험하고 있는 현재의 고통에서 출발해야 합니다.

침묵하지 말고
집요하게 물어라

인간은 누구나 고통을 겪습니다. 내용과 정도는 다르지만 고통에서 자유로울 수 있는 사람은 아무도 없습니다. 언젠가 우리는 모두 어떤 고통에 내던져지게 되어 있습니다. 이때 필요한 것이 위로입니다. 대체 어떤 위로가 필요한 것일까요? 친구들의 말에 시달린 욥은 위로란 말에서 오는 것이 아님을 잘 알고 있었습니다.

내 호소를 좀 들어 다오. 들어 주는 것만이 위로가 되겠네. 좀 참아 다오, 나 말 좀 하리라. 나의 말이 끝나거든 비웃게. 내가 지금 사람에게 불평하고 있는가? 내가 짜증을 부린다면, 까닭이 있지 않겠는가? (21:2~4)

위로는 듣는 것에서부터 시작합니다. 욥이 그를 위로한다고 찾아온 친구들과 쉬지 않고 논쟁을 벌인 이유는 그들의 말이 아무런 위로가 되지 못했기 때문입니다. 참된 위로란 고통을 이해하는 데서 출발합니다. 그러나 욥의 친구들은 고통을 이해하기는커녕 욥의 고통을 평가하고 그것이 어떤 의미를 가지는지를 논하려 했습니다. 이런 식의 말은 고통받는 자에게 아무런 도움이 되지 못합니다.

그것뿐이 아닙니다. 소바르와 같은 친구는 욥의 말이 너무 거칠다며 타박합니다.

말이 너무 많네. 듣고만 있을 수 없군. 입술을 많이 놀린다고 하여 죄에서 풀릴 줄 아는가? 자네의 지껄이는 소리를 듣고 누가 입을 열지 않으며 그 빈정거리는 소리를 듣고 누가 핀잔을 주지 않겠는가? (11:2~4)

욥의 친구들이 보기에 욥은 불평만 내뱉고 있습니다. 부정적인 말에 가득 찬 불만 덩어리. 그 입을 닫으라고 말합니다. 그러나 욥에게 그것은 매우 부당한 요구였습니다. 왜냐하면 그것은 그가 겪은 고통을 무시하라는 말과 같은 것이기 때문입니다. 욥은 자신의 진실한 마음을 토로합니다. 그것은 또한 야훼에 대한 참된 믿음 위에서 가능한 것이기도 합니다. 야훼야말로 이 진실한 마음의 토로를 들어 줄 것이라는 믿음.

그가 온 힘을 기울여 나를 논박하실까? 아니, 나의 말을 듣기만 하시겠지. 그러면 나의 옳았음을 아시게 될 것이고 나는 나대로 승소할 수 있을 것일세. 그런데 앞으로 가 보아도 계시지 않고 뒤를 돌아보아도 보이지 않는구나. 왼쪽으로 가서 찾아도 눈에 뜨이지 아니하고 오른쪽으로 눈을 돌려도 보이지 않는구나. 그런데도 그는 나의 걸음을 낱낱이 아시다니. 털고 또 털어도 나는 순금처럼 깨끗하리라. (23:6~10)

욥은 야훼가 자신의 하소연을 들어 줄 것이라고 믿습니다. 이런 면에서 세 친구의 믿음과 욥의 믿음은 전혀 다릅니다. 세 친구는 이 세상이 선하며 신도 선하다는 믿음 위에 이야기를 전개합니다. 그러나 욥은 이들에 믿음에 질문을 던집니다. 대신 야훼야말로 자신의 결백을 알 것이라는 믿음이 있습니다. 욥의 이 믿음은 야훼를 부르는 믿음입니다. 왜냐하면 야훼야말로 이 부조리를 설명해 줄 수 있는 존재이기 때문입니다. 그러나 반대로 세 친구의 믿음에는 야훼가 필요 없습니다. 세상의 모든 일이 설명 가능한 방법으로 돌아가는데 어째서 야훼가 필요할까요?

결국 끝내 욥은 야훼를 만납니다. 갑자기 폭풍이 불어닥치고 그 속에서 야훼가 말합니다. 그런데 흥미롭게도 야훼는 욥에게 질문을 쏟아 놓습니다. 게다가 이 질문들은 인간으로는 제대로 대답할 수 없는 것들입니다. 예를 들면 이 땅이 어떻게 만들어졌는지, 새벽이 어떻게

「욥」 고통의 본질에 대해 이야기하
는 「욥기」는 여러 화가의 그림 소
재가 되었다. 레옹 보나의 1880년
작품.

오는지, 날씨가 어떻게 바뀌는지 따위의 질문입니다. "대답해 보아
라."는 야훼의 말에 욥은 아무 대답도 하지 못합니다. 결국 야훼와의
만남은 인간이 얼마나 무력한 존재인지를 일깨워 줍니다. 거꾸로 말
하면 인간이란 이 세계의 일부밖에 알지 못합니다. 마찬가지로 고통
의 본질이란 이해할 수 없는 것입니다.

　폭풍 같은 질문만 남습니다. 그렇다면 「욥기」는 대체 고통에 대해
무엇을 말하는 것일까요? 앞서 「욥기」는 고통을 대하는 태도에 대해
말한다고 했습니다. 고통을 대한 욥의 태도에 대해 생각해 봅시다.

세 친구는 고통의 원인에 대해 이야기하거나, 고통의 의미에 대해 이야기하거나, 혹은 고통에도 불평하지 말 것을 주문했습니다. 그러나 이 셋 모두 고통을 대하는 참된 방법이 아니라는 것이 「욥기」의 대답입니다.

고통은 고통으로 남을 뿐입니다. 고통에는 이유가 없습니다. 그렇기에 욥은 자신이 왜 이토록 고통스러워야 하는지를 따져 물었습니다. 자신의 삶을 저주하며 따져 물었습니다. 세 친구의 말에도 그는 굴하지 않고 집요하게 따져 물었습니다. 왜냐하면 도저히 가만히 있을 수 없었기 때문입니다. 반대로 친구들은 침묵하라고 이야기합니다. 그들은 이 고통을 설명할 수 있는 말을 부지런히 찾습니다. 신의 섭리를 운운하며 이 고통을 해석하려 합니다. 그러나 이들에게 야훼의 진노가 내렸다는 사실을 기억합시다. 왜냐하면 세상의 일이란 인간의 말로 설명할 수 없는 것이 많기 때문입니다. 그들의 자신의 깜냥으로 세상을, 고통을 재단하려 했습니다.

설명할 수 없는 질문 속에서 욥은 절대적인 존재, 야훼를 만납니다. 욥의 고통을 설명할 수 있다던 세 친구는 야훼를 볼 수 없었습니다. 그것은 이 세 친구가 그들만의 특정한 세계 속에 갇혀 있었기 때문입니다. 그들이 생각하는 야훼란 착한 사람에게 상을 주고 악한 사람을 벌주는 존재입니다. 물론 야훼가 그렇게 할 수 있을 것입니다. 그러나 그것뿐이라면 야훼가 전능한 신이 아닐 것입니다. 판사가 할 수 있는 일을 하는 야훼라면 과연 전능하다 할 수 있을까요?

욥은 자신의 고통을 집요하게 부여잡고 끊임없이 캐물었습니다. 결국 그는 이 고통 속에 야훼를 만납니다. 그는 그 이후 이렇게 고백합니다. "당신께서 어떤 분이시라는 것을 소문으로 겨우 들었었는데, 이제 저는 이 눈으로 당신을 뵈었습니다."(42:5) 야훼와의 만남, 「욥기」에서 구원을 읽을 수 있다면 바로 이 부분, 야훼와의 만남을 들 수 있습니다. 많은 사람이 구원이란 천국, 즉 또 다른 세계로 가는 것이라 생각합니다. 그러나 「욥기」의 구원이란 이 세계 속에 머물러 있습니다. 욥은 야훼와의 만남으로 고통을 다르게 대할 수 있는 힘을 얻습니다.

「욥기」는 매우 무거운 텍스트입니다. 욥의 말을 읽노라면 가슴이 답답해집니다. 고통 자체를 집요하게 캐묻는 그의 말은 우리를 결코 마주하고 싶지 않은 질문으로 이끕니다. 고통을 어떻게 마주해야 하는가. 「욥기」는 쉽게 빠질 수 있는 함정을 조심하라 경고합니다. 손쉽게 고통의 이유를 묻거나 싸구려 희망으로 고통을 해석하지 말아야 합니다. 대신 우리는 고통을 진실하게 대하는 길을 배워야 합니다. 집요하게 따져 묻는 것. 이것이야말로 고통을 다르게 대할 수 있는 길이 아닐까요?

◉

그런데 앞으로 가 보아도 계시지 않고

뒤를 돌아보아도 보이지 않는구나.

왼쪽으로 가서 찾아도 눈에 뜨이지 아니하고

오른쪽으로 눈을 돌려도 보이지 않는구나.

그런데도 그는 나의 걸음을 낱낱이 아시다니.

털고 또 털어도 나는 순금처럼 깨끗하리라.

◉

큰 배움은
작은 데서 시작한다

━

주희 · 『대학』

전덕규

공부에 대한 질문

공부가 하기 싫을 때, 여러 생각이 들곤 합니다. 나쁘게 말하면 잡생각일 테고, 좋게 말하면 철학적이게 된다고 할 수 있겠죠. 하기 싫은 감정은 공부라는 행동 자체에 근원적 물음을 던지게 합니다. 공부가 하기 싫어 공부의 이유에 대한 질문이 생기는가 하면, 공부를 덜 하기 위해 쉽게 공부하는 방법이 궁금해집니다. 그런데 이런 질문은 공부하기 싫을 때에만 떠오르는 생각은 아닙니다. 진지하게 공부하고 싶은 사람 또한 같은 질문에 마주치게 됩니다. 왜 공부하는지, 어떻게 공부해야 할지에 대한 질문은 우리가 늘 마주하는 질문입니다.

900여 년 전에도 공부에 대해 고민한 학자가 있었습니다. 바로 주희(朱熹, 1130~1200)입니다. 주희는 중국 남송 시대 사람으로, 유학을 집대성하고 성리학을 창시한 사람으로 유명합니다. 주희가 유가에 끼친 영향은 어마어마했습니다. 성리학은 그 이전까지의 학문을 대체하며 유학의 주류 학문으로 받아들여질 만큼 영향력이 컸습니다. 후대 사람들은 앞다투어 성리학을 공부하였고, 주희는 급기야 성인의 지위에까지 올랐습니다. 성인이나 스승에게만 붙었던 호칭인 '자子'를 붙여 주자라고 불리게 된 것이지요. 성리학을 주자학이라고도 부르지요. 중국의 영향을 많이 받은 조선 시대의 선비들 또한 주희가 선택한 경전을 주로 읽었습니다. 그들이 주로 공부했던 것 또한 성리학이었습니다.

우리가 살펴볼 책은 바로 주희의 『대학大學』입니다. 정확하게 말하면 『대학』은 주희가 지은 것이 아닙니다. 주희는 『대학』을 쉽게 풀이한 책인 『대학장구大學章句』를 지었습니다. 『대학』이 특별히 널리 읽히게 된 데에는 주희의 공이 컸습니다. 유가에서는 『대학』을 다루는 다른 해석들이 있습니다. 이 글에서는 『대학』에 대한 해석 전부를 다루는 것이 아니라, 주희의 시각에서 바라본 주희의 『대학』을 다룹니다. 특별히 주희의 『대학』에 대해 언급하는 이유는 앞서 말한 것처럼, 주희의 사상이 유가에 끼친 영향이 여러 사상가 중 최고라 해도 과언이 아니기 때문입니다.

주희는 『대학』을 통해 공부 방법을 설명합니다. 주희는 공부를 왜 해야 한다고 생각했을까요? 공부를 어떻게 하라고 했을까요? 우리의 질문에 대해 주희는 어떻게 대답할지 찬찬히 살펴보도록 합시다.

주희, 집요하고
현실적인 공부벌레

주희는 사상적으로 유가에 큰 영향을 끼쳤지만, 살아생전에 정치적으로 큰 영향력이 있는 인물은 아니었습니다. 주희는 요즘으로 치자면 지방의 별 볼 일 없는 공무원으로 생애 대부분을 보냈습니다. 주희는 관직 자체에 큰 뜻을 두지 않았던 것 같습니다. 주희 또한 유학자들 대부분이 그러하듯이 성인聖人이 되고자 했습니다. 유학자들이 생각하는 성인은 지방의 별 볼 일 없는 공무원은 아니었습니다.

유가에서 성인으로 인정받으려면 우선 인격적 덕목을 갖추어야 했습니다. 이 인격적 덕목을 갖추기 위해서는 우선 자기 자신을 위한 공부를 해야 한다고 보았습니다. 자기 자신을 위한 공부라고 하니 언뜻 듣기에 이기적이고 비윤리적인 공부인 것 같지만, 유가의 선비들은 그렇게 생각하지 않았습니다. 자기 자신을 갈고닦아 인격적 덕목을 갖춘 다음에야 다른 사람을 위한 삶을 살 수 있다고 보았습니다. 인격을 갖춘 다음에는 다른 사람 또한 인격을 갖추도록 도움으로써 평화로운 세상을 만들어야 한다고 생각했습니다.

또한 유가 경전에서 언급되는 성인들은 대부분 한 나라의 왕인 경우가 많은데요. 정치적 지도자가 성인으로 인정받는 경우가 많다는 것은, 유가에서 생각하는 성인에게는 정치적 실천도 요구된다는 것을 말해 줍니다. 정치적 지도자가 되어 평화로운 세상을 만들어야 성인으로 인정받을 수 있었습니다. 이처럼 유가에서 생각하는 공부는 관직에 오르는 일과 뗄 수 없는 관계에 있습니다. 그럼에도 주희는 관직에 무심해 보였습니다. 왜 그랬을까 궁금증이 생기는 부분입니다.

당시에는 과거제도가 시행되고 있어서 관직에 오르려면 과거 시험을 통과해야 했지요. 그런데 주희는 어려서부터 과거 시험에 부정적이었습니다. 과거를 준비하는 공부가 자기 자신을 위한 공부가 아니라고 생각했습니다. 주희가 보기에 과거를 준비하는 공부는 예상 문제를 암기하는 수준에 불과했습니다. 실질적 내용이 중요한 공부가 아니라 시험관의 입맛에 맞는 아름다운 문장을 쓸수록 합격 가능성이 높은 헛된 공부일 뿐이었습니다. 자신의 인격에 아무 도움이 되지 않는 공부였습니다.

하지만 주희도 과거를 보았습니다. 주희가 14세 때 아버지가 돌아가셨는데, 홀어머니를 모시고 살기 위해서 어쩔 수 없이 과거를 보아야만 했던 것입니다. 주희는 시험을 치면서 시험관을 보고 '너 따위 것이 어떻게 내 기분을 알겠냐.'며 속으로 욕을 엄청 했다고 합니다. 시험 치고 나오는 길에는 다시는 시험을 치지 않겠다고 결심했다고도 합니다. 어쨌거나 주희는 19세에 생애 첫 과거 시험에 합격했습니다. 합격자 평균 연령이 30세였으니 대단한 일입니다. 한편으로는 합격자 330명 중 278등이었기에 그렇게 좋은 성적은 아니었지요. 과거를 부정적으로 여겼으니 그 성적에는 크게 연연하지 않았겠지요.

주희는 과거에 합격해 관직에 오른 뒤에도 더 높은 자리에 오르려 노력하지 않습니다. 첫 부임지에서 4년간 있은 후, 부모님을 모셔야 한다는 이유로 도교 사원을 관리하는 직책을 맡겠다고 나섰습니다. 이 직책은 사실상 하는 일이 없는 자리였습니다. 임기가 끝나면 다시 요청하여 주희는 계속 같은 직책에 있었습니다.

주희는 자유로운 시간을 통해 책 읽기와 글쓰기, 제자 교육을 했습니다. 주희는 책 읽으며 공부하는 생활을 좋아했습니다. 제자들에게도 잡다한 일에는 관심을 끊고 공부에 집중해 도리를 탐구하라고 가르쳤습니다. 40세 때 어머니가 세상을 떠났음에도 주희는 중앙 조정의 부름에 응하지 않았습니다. 주희는 계속 열심히 공부했습니다. 주희의 중요한 저술은 40대에 대부분 이뤄집니다. 이러한 생활은 49세에 이르기까지 계속됩니다.

주희 성리학을 집대성하여 유학 사상계에 큰 영향을 미쳤다. 주희가 편찬한 『사서집주』(『대학』, 『논어』, 『맹자』, 『중용』의 뜻과 그 이치를 해설한 책)는 중국, 한국, 일본의 지식인에게 널리 읽혔다.

49세가 되었을 때 중앙 조정에서는 주희에게 남강군의 지사를 맡으라고 명합니다. 주희는 병을 이유로 거듭 사양했으나 중앙 조정에서는 이를 받아들이지 않았습니다. 반년 가까이 고사하다 결국 주희는 남강군으로 부임하게 됩니다.

주희가 높은 관직에 오르려고 노력하기보다 학문하기를 좋아했다는 점은 언뜻 주희가 현실적 문제를 외면하는 것처럼 보일 수도 있습니다. 하지만 주희의 공부가 이론적으로도 실천적으로도 현실과 분리되지 않았다는 것은 이때부터의 행보가 말해 줍니다.

주희는 부임하자마자 부역과 세금을 줄이겠다고 선언했습니다. 또 공부하고자 하는 사람에게는 밥을 무료로 주고 강의를 무료로 듣게 해 주겠다고 했습니다. 요즘으로 치면 세금을 줄이고, 무상 급식과 무상 교육을 하겠다고 선언한 것입니다. 이러한 정책을 통해 백성들의 삶이 많이 나아진 모양입니다. 남강군 지사의 임기가 끝나고, 기근을 구제한 공을 인정받아 다시 황제의 직속 연구 기관으로 부임합니다. 몇 개월 뒤, 절동이라는 지역에 기근이 발생하자 그곳으로 가게 됩니다. 주희는 또다시 기근을 해결하기 위해 노력합니다. 나이가 많이 든 데다가 기근을 해결하기 위해 신경 쓰다 보니 심신이 쇠약해질 정도였다고 합니다.

주희의 또 다른 한 면을 보여 주는 사건은 '당중우'라는 사람에 대한 탄핵 사건입니다. 주희는 절동에 부임해 있는 동안 집요하게 당중우를 비난하고 그를 관직에서 쫓으려고 했습니다. 요즘으로 비유하면 수사관의 취조에 비견할 수 있을 정도로 집요한 추궁을 했다고 합니다. 이 사건은 주희의 오점이라고까지 혹평받는 기묘한 사건인데, 주희가 당중우를 그렇게 싫어한 이유에 대해서는 여러 의견이 있고 명확하지 않습니다.

이 사건과 관련된 것은 아니지만 주희의 친구는 주희에게 주희가 자신만 옳은 줄 안다며 충고하는 편지를 보낸 적도 있습니다. 주희도 자신이 포악하고 사납다고 말한 적이 있습니다. 이런 정황들을 살펴볼 때 주희는 아무래도 성격이 집요하고 고집스러운 면이 있었던 모양입니다. 주희의 이런 집요한 성격은 그가 『대학』을 다룰 때에도 드러납니다. 그는 독서를 할 때 꼼꼼해야 한다고 강조합니다. 또한 앞으로 살펴보게 되겠지만, 자신이 충분하다고 생각하지 않았던 부분을 자신이 직접 보충하는 고집을 보이기도 했지요.

사서 체계에서
가장 강조되는 『대학』

우선 주희가 만든 사서 체계에 대해서 살펴봅시다. 사서는 『대학』, 『논어論語』, 『맹자孟子』, 『중용中庸』을 말합니다. 이 사서는 유가의 대표 경전입니다. 유학자들에게 경전은 유학의 정수를 표현하며 오랜 시간 걸쳐 인정받은 책을 의미했습니다. 유학을 공부하고자 하는 이들은 모두 이 사서를 읽었습니다. 그것은 지금도 마찬가지입니다. 주희가 사서 체계를 만들었다는 말은 사서에 속하는 경전들이 처음부터 경전은 아니었음을 보여 줍니다. 주희가 사서 체계를 주장했고 시간이 흘러 이 책들이 유학의 정수를 담고 있다고 인정받게 된 것입니다.

우리가 주목해 볼 책인 『대학』은 사실 처음에는 책이 아니었습니다. 본래 『예기禮記』의 42번째 편에 불과했습니다. 말 그대로 한 편의 글에 불과했던 셈이지요. 책이라고 부르기에 너무 얇습니다. 글자 수가 채 2천 자가 되지 않습니다. 이 한 편의 글은 점점 더 좋은 평가를 받아 『예기』에서 독립되어 읽히다가, 아예 따로 한 권의 책으로 떨어져 나왔습니다. 그러다 주희 때에 이르러서 경전으로 인정받게 된 것이지요.

주희는 이 네 권의 책이 유학의 정수를 담고 있다고 생각했습니다. 조금 과장되게 말하면 모든 학문이 이 네 권의 책 속에 들어 있다고 보았습니다. 특히 『대학』은 학문의 시작과 끝을 보여 주는 중요한 책이라고 보았습니다.

物有本末 事有終始 知所先後 則近道矣
물유본말 사유종시 지소선후 즉근도의

사물에는 근본과 말단이 있고, 일에는 시작과 끝이 있으니, 먼저 하고 뒤에 할 것을 알면 도에 가깝다.

근본과 말단, 시작과 끝, 먼저 하고 뒤에 할 것을 중요시한 이 구절은 주희 학문의 중요한 특징을 보여 줍니다. 주희는 공부에 순서가 있다고 보았습니다. 공부도 시작과 끝을 아는 것이 중요합니다. 주희의 사서 체계는 그저 최고의 책 네 권을 모아 놓기만 한 것이 아니었습니다. 그것을 읽는 순서도 정해 놓은 것입니다.

物有本末
事有終始
知所先後
則近道矣

주희는『대학』의 특성을『논어』나『맹자』와 비교하며 이야기합니다.『논어』와『맹자』는 제자가 질문하면 스승이 대답하는 문답식으로 구성되어 있습니다. 한 사람이 한 번에 쓴 것도 아니고, 제자의 질문에 대한 하나의 대답일 뿐입니다. 문답의 나열이다 보니 특별한 체계가 있는 것도 아닙니다.『대학』은 이에 비해 개념적이고 체계적으로 구성되어 있습니다.『논어』나『맹자』가 사례를 모아 놓은 책이라고 한다면,『대학』의 구성은 체계적인 논문이라고 할 수 있겠습니다. 주희는『대학』을 읽는 방법을 알려 주는 짧은 글인「독대학법 讀大學法」을 써 두었는데요. 여기에서『대학』을 통해 학문의 시작과 끝, 전체의 순서를 볼 수 있다고 말하고 있습니다.

先讀大學 可見 古人爲學 首末次第
선독대학 가견 고인위학 수말차제

먼저 대학을 읽으면 옛 사람들이 학문을 한 시작과 끝의 차례를 볼 수 있다.   —「독대학법」

주희는『대학』을 통해 공부를 어떤 순서로 해야 하는지 알아보고『논어』와『맹자』를 읽으며 구체적 내용을 채운다고 보았습니다. 마지막으로 읽는『중용』은 학문의 최고 지점을 보여 주어 공부를 완성하는 책이라고 보았습니다.

공부의 순서와 방법을 알려 주는 일종의 학문에 대한 지도가 있다면, 공부를 시작하려는 사람은 꼭 보아야 하고 보려고 하겠지요.『대학』은 바로 그런 지도와 같습니다. 주희는 이제 막 공부를 열심히 해보고자 하는 사람에게 『대학』을 권했습니다. 앞서 말한 것처럼 모든 일에는 시작과 끝이 중요합니다. 주희가 중요하게 생각하는 것은 시작 지점이었습니다. 사서 모두 중요한 책이었지만 그중에서도 첫 책인 『대학』은 주희에게 각별했습니다. 평생의 정력을 『대학』을 체계화하는 데 쏟았다고 말한 적도 있습니다.

공부의 시작으로서의
일상

『대학』에서 공부의 순서를 나타낸 부분을 요약하여 8조목이라고 합니다. 『대학』 전체 내용의 핵심 개념어를 추려 나열한 것이기도 합니다. '수신제가치국평천하修身齊家治國平天下'라는 말을 한 번쯤 들어 본 적이 있을 것입니다. 자신을 먼저 수양하고 집안을 질서 있게 한 뒤 나라를 다스리고 세상을 평안하게 한다는 말로 많이들 알고 있습니다. 이 말이 바로 8조목의 일부입니다. 8조목 전체를 나열하자면 격물格物, 치지致知, 성의誠意, 정심正心, 수신修身, 제가齊家, 치국治國, 평천하平天下 입니다.

古之欲明明德於天下者　先治其國　欲治其國者　先齊其家　欲齊其家者　先修其身　欲修其身者　先正其心　欲正其心者　先誠

其意 欲誠其意者 先致其知 致知在格物

고지욕명명덕어천하자 선치기국 욕치기국자 선제기가 욕
제기가자 선수기신 욕수기신자 선정기심 욕정기심자 선성
기의 욕성기의자 선치기지 치지재격물

옛날에 세상 모든 사람들의 밝은 덕을 밝히고자 한 사람은, 먼저
그 나라를 다스렸고, 나라를 다스리고자 하는 사람은 먼저 그 집
안을 질서 있게 했으며, 그 집안을 질서 있게 하고자 하는 자는
먼저 그 몸을 닦았으며, 그 몸을 닦고자 하는 사람은 먼저 그 마
음을 바르게 했고, 그 마음을 바르게 하고자 하는 사람은 먼저
그 뜻을 성실하게 하였고, 그 뜻을 성실하게 하고자 하는 사람은
먼저 그 앎을 완성하였다. 앎을 완성하는 것은 격물에 있다.

『대학』에서 처음으로 8조목에 관한 서술이 나오는 부분입니다. 그
런데 독특하게도 처음이라 할 수 있는 격물에서부터 시작하지 않습
니다. 세상 모든 사람들의 착한 본성을 드러나도록 하겠다는 큰 이상
에서부터 이상을 이루기 위해 먼저 해야 할 일을 제시합니다. 그렇게
제시되는 일은 그 이전으로 계속 거슬러 올라가 결국 시작 지점인
'격물'이라는 순서에 이릅니다. 이를 통해 격물이 없으면 천하의 밝
은 덕을 밝힐 수가 없음을 보여 줍니다. 격물이 그만큼 중요하다는
뜻이지요.

그런데 주희가 보기에 『대학』에서는 격물에 대한 설명이 부족했습니다. 다른 덕목에 대한 설명에 비해 격물에 대한 설명이 지나치게 간략하다고 생각했던 것이지요. 옛날 책은 글자를 적은 대나무 조각들을 엮어서 만들었습니다. 죽간이라고 하지요. 그 대나무를 연결하는 줄이 끊어져 순서가 바뀌거나 상관없는 내용이 끼어들어 가거나 일부분을 잃어버리는 경우가 많았습니다. 주희는 『대학』에서 격물치지에 관한 설명이 원래는 있었으나 잃어버려 전해지지 않고 있다고 보았습니다.

그래서 「격물치지보망장格物致知補亡章」을 따로 지어 넣습니다. 격물치지에 관해 잃어버린 설명을 보충하는 장이라는 뜻입니다. 정말로 원래 내용이 있었는데 잃어버린 것인지는 아무도 모릅니다. 공부의 순서를 중시하고 거기다 꼼꼼하기까지 했던 주희는, 공부의 첫 시작이라 할 수 있는 격물에 대한 설명이 빈약한 것을 견딜 수 없었을지도 모릅니다. 진실이 무엇이든 경전이라는 책을, 원뜻을 복원한다는 핑계로 자신이 직접 서술했다는 것은, 격물치지를 설명하는 것이 주희에게 얼마나 중요한 일인지를 보여 줍니다.

그럼 격물치지에 대한 주희의 설명을 살펴봅시다. 주희는 '격물치지'라는 말을 사물 하나하나를 격格하여 사물의 이치를 알아 간다는 뜻으로 풀이합니다. 그런데 '격格한다'는 말이 무슨 뜻일까요? 이 의미를 좀 더 자세히 알아보기 위해 「격물치지보망장」의 한 구절을 살펴보겠습니다.

大學始敎　必使學者　則凡天下之物　莫不因其已知之理　而益
窮之　以求至乎其極
대학시교　필사학자　즉범천하지물　막불인기이지지리　이익
궁지　이구지호기극

대학에서 처음 가르칠 때, 배우는 사람에게 반드시 세상 모든 사
물을 대하여 이미 알고 있는 이치를 가지고 더욱 연구하게 해서
그 완성에 이르게 하였다.　　　　　　　　　　　—「격물치지보망장」

이 구절을 이해하기 위해서는 고대 중국의 교육기관과 교육기관에
따라 나눈 배움의 내용을 살펴볼 필요가 있습니다. 고대 중국에는 두
가지 종류의 교육기관이 있었습니다. 그것은 바로 소학小學과 태학太
學이었습니다. 우리가 낮은 수준의 지식과 높은 수준의 지식을 구분
하는 것처럼 고대 중국 사람들도 배움에는 작은 배움과 큰 배움이 있
다고 구분했습니다. 그것이 바로 소학과 대학의 구분입니다. 우리가
살펴보고 있는 『대학』은 작은 배움과 대비되는 개념으로서의 대학을
내용으로 하는 태학의 교재였습니다. 소학의 교재는 『소학』이라는 책
으로 주희의 가르침에 따라 유자징이란 사람이 지었습니다.

　교육기관인 소학에서는 보다 낮은 수준의 지식인 소학을 가르쳤
고, 교육기관인 태학에서는 높은 수준의 지식이라고 할 수 있는 대
학을 가르쳤습니다. 주희에 따르면 당시 모든 사람들은 8세가 되면

소학에 입학했고, 15세가 되면 그중 뛰어난 인재들이나 귀족의 자제들은 태학에 입학했습니다. 나이를 기준으로 비교해 보자면 소학은 지금의 초·중학교에 해당하고, 태학은 고등·대학교에 해당한다고 할 수 있겠습니다. 소학이라는 교육기관에서 『소학』으로 소학을 배우고, 태학이라는 교육기관에서 『대학』으로 대학을 배우는 식이었습니다.

앞서 인용한 구절에서는 바로 이 고등·대학교에 해당하는 태학에서 학생들을 처음 가르칠 때 어떻게 가르쳤는지를 서술하고 있습니다. 배우는 사람에게 새로운 것을 가르치는 게 아니라 '이미 알고 있는 이치'를 가지고 더욱 연구하게 하는 것이지요. 앞서 '격물'을 '사물 앞에 나아가 그 이치를 탐구'하는 것이라고 했습니다. 그 탐구를 어떻게 하는지에 대한 답으로 '이미 알고 있는 이치를 가지고' 하라고 말하고 있습니다.

여기서 말하는 이미 알고 있는 이치, 대학 이전에 이미 배워 알고 있는 이치는 무엇을 말할까요? 주희는 『대학장구』의 서문에서 옛 성인이 소학에 노력하여 공부에 성취를 이룸으로써 대학의 밝은 공부 방법을 드러낸 책이 바로 『대학』이라고 말하고 있는데요. 이 말은 소학과 대학이 연결되어 있음을 드러내는 말입니다. 『대학』에서는 평천하라는 큰 이상에서부터 격물까지 그 이전의 이전을 거슬러 올라갔는데 주희는 격물 이전의 이미 알고 있던 지식, 바로 소학에까지 한 번 더 거슬러 올라갔습니다.

『대학장구』 서문 주희가 『대학장구』를 펴내면서 붙인 머리말이다. "『대학』이라는 글은 옛날 태학에서 사람을 가르치던 방법을 다루고 있다."라는 문장으로 시작한다.

그렇다면 소학 공부는 무엇을 배우는 것일까요? 소학 공부는 전통적으로 '쇄소응대진퇴지절灑掃應對進退之節'이라는 말로 표현됩니다. 풀이하자면 쇄는 물을 뿌리는 것을, 소는 비질하는 것을, 응은 손님을 맞아들이고 배웅하는 것을, 대는 대답하여 말하는 것을 뜻합니다. 진퇴지절은 어른 앞에 나아가고 물러날 때의 예절을 뜻합니다. 소학 공부의 내용은 기초적 예절일 뿐만 아니라, 일상의 생활 습관을 기르는 공부이기도 했습니다. 앞서 소학을 '낮은 수준의 지식'이라고 표현했지만 그것은 큰 배움이라는 대학이라는 개념과 대비해서 비교적 낮다는 뜻이지 그것이 필요 없다거나 업신여길 만한 지식이라는 것을 뜻하지는 않습니다. 소학에서 배우는 생활 습관을 당시 사람들은 공동체 구성원으로서 필수적인 소양으로 보았습니다. 소학은 책을 읽고 지식을 외우는 공부가 아니라 예절과 생활 습관이었습니다. 이러한 소학 공부는 보다 높은 과정의 공부, 즉, 대학 공부를 위한 준비 과정이기도 했습니다.

대학은 학문에 큰 포부를 가진 사람들이 시작하는 공부입니다. 그들이 바라보는 꿈이란 무엇이었을까요? 분명 처음에는 세상을 평화롭게 하겠다는 큰 포부를 가질 것입니다. 『대학』이 8조목을 처음 서술하면서 맨 앞에 놓은 '명명덕어천하'는 이런 포부를 지닌 사람들의 꿈을 나타냅니다. 『대학』이라는 책을 당시 소수의 엘리트 지망생들이 읽었다면 더욱 그러했겠지요. 대학은 이에 대해서 그 꿈을 이루려면 그 이전에 무엇을 해야 할지, 또 그 이전의 이전에 무엇을 해야 할지를 계속 알려 줍니다. 주희는 한 번 더 나아가 소학에까지 이르렀습니다. 큰 꿈을 가진 이에게 그 꿈을 이루려면 너의 일상, 작은 공부를 우선시하라고 말하고 있습니다. 큰 공부를 위해 작은 공부부터 해야 한다면, 그것은 그저 '작은' 공부가 아닙니다. 오히려 큰 공부를 위한 기반, 토대, 근본인 것이지요.

일상의 생활 습관을 기르는 공부는 지금도 여전히 중요합니다. 자기 주변을 깨끗이 하지 못하고, 생활 리듬을 잘 지키지 못하면, 건강도 나빠지고 공부도 잘되지 않습니다. 어떤 부모님들은 공부만 잘하면 된다며, 청소도 안 시키고 공부만 하라고 말할지도 모릅니다. 이런 태도는 우리 주변 곳곳에서 보입니다. 큰일 하는 사람은 작은 일은 신경 쓰지 않아도 된다고 생각하는 태도들이지요.

주희는 이런 태도는 옳지 않다고 보았습니다. 공부에 뜻을 둔 사람들이 꿈꾸는 '세상을 평화롭게 한다'는 먼 이상은 자기 주변의 작은 것들을 소중히 여기는 것부터 시작해야 이룰 수 있는 것이었지요. 주희가 말하는 격물이란 자신과 무관한 사물을 그저 관찰하는 것이 아니라, 자신의 일상을 지키는 소학의 배움을 토대로 자신과 가장 가깝고 자신의 일상과 관련된 사물의 이치를 탐구하라는 뜻이었습니다.

앞을 이어
뒤가 이루어지다

『대학』에서 8조목에 대한 첫 서술이 나온 뒤, 8조목의 시작부터 끝을 다시 나열합니다. 앞에서는 8조목이 서술어, 목적어 순으로 쓰였는데 이번에는 주어, 서술어 순으로 쓰였습니다. 예를 들자면 '격물'이 '물격'으로 바뀐 것입니다. 순서가 바뀌었지만 같은 내용입니다.

物格以後知至　知至以後意誠　意誠以後心正　心正以後身修
身修以後家齊　家齊以後國治　國治以後天下平
물격이후지지　지지이후의성　의성이후심정　심정이후신수
신수이후가제　가제이후국치　국치이후천하평

사물을 격한 이후에 앎이 완성되고, 앎이 완성된 이후에 뜻이 성실해지고 뜻이 성실해진 이후에 마음이 바르게 되고 마음이 바르게 된 이후에 몸이 닦아지고 몸이 닦아진 이후에 집안이 질서 있게 되며 집안이 질서 있게 된 후에 나라가 다스려지며 나라가 다스려진 후에야 세상이 평안해진다.

이 서술은 대학의 또 다른 특징을 보여 줍니다. 주희는 『대학』을 설명할 때 "앞 문장을 이었다."는 말을 반복합니다. 앞 문장과 뒤 문장의 의미가 연결되어 있다는 뜻이지요. 이러한 특징은 『대학』의 전체 논리 구조를 이룹니다. 그 구조는 격물치지 다음 항목인 성의를 살펴보면 잘 알 수 있습니다.

주희는 격물치지를 잘하면 자신의 마음이 어떤지를 알고 그것이 어떻게 작동하는지를 알게 된다고 보았습니다. 여기서 말하는 마음의 작용은 두 가지로 나뉩니다. 첫째로 선과 악, 옳고 그름을 분별하는 마음이고, 둘째로는 성내는 마음, 두려워하는 마음, 좋아하는 마음, 걱정하는 마음으로 설명할 수 있는 사람의 감정 상태를 나타냅니다. 이 중 옳고 그름을 분별하는 마음과 관련된 공부가 성의誠意이고, 자신의 감정 상태와 관련된 공부가 정심正心입니다.

먼저 성의에 대해 살펴봅시다. 『대학』은 격물치지를 잘하면 옳고 그름을 분별하는 마음이 생긴다고 보았습니다. 탐구를 통해 알게 된 것을 바탕으로 내린 옳고 그름에 대한 판단은 누가 뭐라 해도 바른

四曲東西兩石
巖巖花垂
露碧瓏琤金
雜咺羅左人
見月滿空山水
滿潭

戊辰初夏士能
香味散亂

「월만수만도」 조선 시대 화가 김홍도가 그린 8폭 병풍
「주부자시의도朱夫子詩意圖」 중 「월만수만도月滿水滿
圖」이다. 「주부자시의도」는 「대학」의 8조목을 주제로 그
린 그림들이며 「월만수만도」 그중 성의를 나타낸다.

판단이라고 보았습니다. 판단은 누가 대신 해 줄 수 있는 것이 아닙니다. 『대학』은 이처럼 자신이 탐구한 내용에 대해 확신을 가지라고 말합니다. 다른 사람이 뭐라 하더라도 자신의 판단이 올바른지를 아는 것은 자기 자신뿐이라고 말하지요.

옳은 행동을 하는 것 역시 누가 대신 해 줄 수 있는 것이 아닙니다. 하지만 우리는 종종 자신이 옳다고 생각하는 행동을 하지 않거나 반대로 행동하기도 합니다. 권위 있는 사람의 말은 무조건 따르기도 하고, 힘 있는 자에게 눌려 오히려 잘못된 행동을 하기도 합니다. 가령 자신이 경험한 것과 반대되는 의견이라 하더라도 전문가의 의견이라면 으레 맞을 것이라 짐작하거나, 자신이 틀리는 것을 두려워한 나머지 의견을 제시조차 못 하기도 합니다. 오히려 자신이 틀렸으리라 스스로를 설득하기도 합니다.

대학은 이래서는 안 된다고 보았습니다. 성의 공부는 자기 자신을 속이지 않는 것으로 정의됩니다. 자신이 여태껏 해 온 탐구와 노력을 믿는다면 외부의 요인 때문에 자신의 판단을 의심하는 일은 없을 것입니다. 그 판단이 비록 틀렸다 하더라도 자신의 의견을 속인 채 드러내지 않는다면, 그것이 왜 틀렸는지에 대해 이유를 알고 다시 배울 기회가 사라지게 되는 것입니다.

옳고 그름의 판단 기준이 자기 자신에게 있다면 사람은 그저 자기 자신의 판단만을 믿고 그것을 따르기만 하면 될지 모릅니다. 하지만 그것은 쉬운 일이 아닙니다.

小人 陰爲不善 而陽欲揜之 則是非不知善之當爲 與惡之當
去也 但不能實用其力以至此耳 然 欲揜其惡而卒不可揜 欲
詐爲善而卒不可詐 則 亦何益之有哉

소인 음위불선 이양욕엄지 즉시비부지선지당위 여악지당
거야 단불능실용기력이지차이 연 욕엄기악이졸불가엄 욕
사위선이졸불가사 즉 역하익지유재

소인이 어두운 곳에서 선하지 않은 짓을 하고 드러난 곳에서는
이것을 감추고자 한다. 그렇다면 선한 일은 당연히 해야 하며,
악한 일은 당연히 하지 말아야 하는 줄을 알지 못하는 것이 아니
다. 다만 실제로 노력하지 않아 그렇게 된 것이다. 그러니 그 나
쁜 짓을 감추고자 하지만 결국 감추지 못하고, 속여서 착한 일을
한 척하지만 결국 속이지 못하니, 무슨 유익함이 있겠는가?

—『대학장구』

소인과 대인의 차이는 옳고 그름을 아는 것에 있지 않습니다. 『대
학』에서는 소인배가 홀로 한가로이 있을 때 나쁜 짓을 하고서, 다른
사람과 있을 때 그 눈을 의식하여 착한 짓을 한다고 하더라도, 다른
사람이 보기에는 그런 행위가 뻔히 보인다고 말합니다. 위의 인용문
을 통해 『대학』에서 사람의 잘못을 어떻게 생각하는지 알 수 있습니
다. 첫째로 소인배 또한 자신의 행위가 나쁜 행위인 줄 알기 때문에

그것을 숨긴다는 점이고, 둘째로 숨긴다고 해도 숨겨지지 않으며, 가장 중요한 마지막으로는 소인배가 나쁜 행동을 하는 것은 그것이 나쁜 행위인지 몰라서가 아니라 단지 노력하지 않았기 때문이라는 것입니다. 나쁜 행위를 하지 않으려는 노력이 성의 공부에 해당합니다.

或已明而不謹乎此 則其所明 又非己有 而無以爲進德之基
혹이명이불근호차 즉기소명 우비기유 이무이위진덕지기

그러나 혹시라도 이미 밝게 알았다 하더라도 이것을 삼가지 않으면 그 밝힌 것이 또 자신의 것이 아니어서 덕성으로 나아가는 기초로 삼을 수가 없다.　　　　　　　　　　　　　—『대학장구』

앞서 말한 것처럼 옳고 그름을 판단할 수 있는 것은 자기 자신밖에 없습니다. 그래서 그 옳음에 대한 추구는 스스로를 속이지 않으며 홀로 신중하게 해 나가야 하는 것입니다. 소인과 대인의 차이는 자신이 알고 있는 옳음을 신중하게 추구하고 노력해 나가는 태도에 있습니다.

성의를 살피면 격물과 성의 사이의 견고한 관계를 발견하게 됩니다. 격물과 성의의 관계를 보면서 우리는 『대학』의 구조를 알 수 있습니다. 격물치지라는 공부는 다음 순서에서 잊어버려도 되는 이미 거쳐 간 공부의 단계가 아닙니다. 이후에 따라오는 성의라는 공부는 개

개 사물을 통해 알게 된 깨달음을 자신의 것으로 만드는 필수적인 과정입니다. 성의는 격물치지의 과정이 없으면 불가능합니다. 성의 없는 격물치지는 소인의 앎과 다르지 않습니다. 『대학』에서 공부의 순서를 보여 주는 8조목은 이런 식으로 서로서로가 연계되어 있습니다. 앞의 공부는 반드시 먼저 해야 하고 뒤의 공부는 반드시 잇따라야 하는 것이지요.

실천이 따르는 앎이
진짜 앎이다

8조목의 나머지 항목들을 살펴보겠습니다. 성의가 옳고 그름을 분별하는 마음과 관련이 있다면 정심은 마음에서 일어나는 감정과 관련이 있습니다. 감정은 사람이 올바르게 일을 처리할 수 없도록 방해하기도 합니다. 비록 그러한 감정이 어떤 것인지 안다고 하여도 그 감정을 다스릴 줄 모르면 자신의 앎이 아닙니다. 이렇게 올바른 마음을 유지하는 것은 자신의 몸을 바르게 하는 것으로 연결됩니다.

자신의 감정을 잘 다스리지 못해 자신의 일을 잘 못하는 경우를 우리 주변에서 많이 찾아볼 수 있지요? 하고 싶은 게임이 있고, 보고 싶은 TV 프로가 있을 때, 공부하기 쉽지 않습니다. 애인과 다투면 일이 손에 잡히지 않습니다. 애인을 생각하는 동안에 옆에서 누가 말을 걸어도 잘 들리지 않는가 하면, 애인을 잃은 근심에 맛있는 음식을 먹어도 그 맛을 잘 알지 못합니다. 『대학』은 그러한 마음의 치우침을 바르게 해야 한다고 말합니다. 마음은 우리의 몸을 이끄는 것이니 마음을 바르게 하는 것은 몸을 수양하는 것으로 이어집니다.

心不在焉 視而不見 聽而不聞 食而不知其味
심부재언 시이불견 청이불문 식이부지기미

마음이 없으면 보아도 보이지 않고, 들어도 들리지 않으며, 먹어도 그 맛을 모른다.

그렇게 자신을 수양한 사람이 가장 영향을 많이 끼치는 사람은 자신과 관계없는 사람이 아니라 가장 가까이 있는 사람입니다. 앞서 말한, 마음을 바르지 않게 하는 네 가지 감정(성내는 마음, 두려워하는 마음, 좋아하는 마음, 걱정하는 마음)은 자신의 가장 가까운 사람들에게 우선 적용됩니다. 사람의 감정은 관계없는 사람이 아니라 자신과 관계가 가까운 사람들에게 생기기 쉽습니다. 친하고 좋아하며 사랑하는 관계가 있을 수 있고, 화내고 미워하는 관계가 있을 수 있습니다. 서로에게 소홀히 하는 경우도 있을 수 있지요. 두려워하고 존경하는 사람이 있을 수 있습니다. 이런 여러 관계에 얽힌 감정들 때문에 사람은 올바르게 일을 처리하지 않을 수 있습니다.

『대학』은 우선 가족에 집중합니다. 흔히 생각하는 것과는 달리 『대학』은 가족주의 혹은 가족 이기주의를 거부합니다. 오히려 가족에게 유리하게 일을 처리하지 말라고 말합니다. 중국 옛 속담에 사람은 자기 자식 못난 것을 모르며, 자기의 애완 고양이가 덩치가 크다는 것을 모른다는 말이 있는데요. 『대학』은 이를 인용해 좋아하는 사람이라도 나쁜 점을 알아야 하며, 미워하더라도 좋은 점을 알아볼 수 있는 사람이 되어야 한다고 말합니다. 그런 사람이 되어야 싸움이 없고 집안이 질서 있게 된다고 보았습니다.

好而知其惡 惡而知其美者 天下鮮矣
호이지기악 오이지기미자 천하선의

좋아하면서도 나쁨을 알며 미워하면서도 아름다움을 아는 자가 천하에 적다.

이렇게 충분히 자기 집 사람들을 가르칠 수 있는, 이끌 수 있는 사람이 되어야 다른 사람들을 가르칠 수 있습니다. 질서 있는 세상을 만들기 위해 법을 만들고, 법을 어기는 사람들을 처벌하는 방법을 주장하는 사람들도 있습니다. 주희가 보기에 세상의 질서는 법만으로 이루어지지 않았습니다. 지도자가 정작 자신은 법을 잘 지키지 않으면서 국민들에게 법을 지키라 말하면 잘 지켜질까요?

『대학』은 집안을 질서 있게 하는 것과 나라를 질서 있게 하는 것은 다르지 않다고 보았습니다. 아버지를 섬기는 것과 왕을 섬기는 것이 다르지 않으며, 동생과 우애 있게 지내는 것과 같이 백성들을 대해야 한다고 본 것이지요. 유가 선비들이 가족을 중요하게 생각했던 것은 오히려 이 때문입니다. 국가의 공적인 일을 공명정대하고 편파적이지 않게 처리하려면, 가족의 일부터 공명정대할 수 있어야 하는 것이지요. 공직자들의 특혜나 비리도 가족의 이익을 챙기기 위해서 벌어지는 경우가 많습니다. 『대학』의 가르침을 잘 새겨야 할 대목입니다.

其家 不可敎 而能敎人者 無之
기가 불가교 이능교인자 무지

그 집안에서 가르치지 못하면서 다른 사람을 잘 가르치는 사람은 없다.

『대학』의 공부 순서는 집안의 질서, 나라의 다스림을 거쳐, 세상을 평화롭게 하는 것에까지 이어집니다. 여기에서 『대학』이 말하는 공부의 특성이 또 하나 드러납니다. 『대학』이 말하는 공부는 다른 사람을 돕는 것에까지 나아갑니다. 자신이 노력해서 좋은 덕성을 발휘하는 것처럼, 다른 사람들도 각자의 밝은 덕성을 발휘할 수 있도록 도와주어야 합니다. 자신의 공부에서 타인의 공부로, 개인적 차원에서 국한되는 것이 아니라 공동체 차원으로의 노력이 더해져야 한다는 것입니다.

가까운 것에 마음을 쓰라

『대학』에서 보이는, 자신의 사소한 일상을 잘 가꾸는 것에서 시작하는 연구의 자세, 그리고 자신과 가장 가까운 관계부터 점차 넓은 공동체까지 그 사이에서 발생하는 관계에 대한 관심, 현실적인 삶과 연결된 학문 태도는 가장 실제적이며 또 가장 힘 있는 학문 태도일지도 모릅니다. 주희의 학문에서 실천과 앎은 서로 얽혀 있었습니다. 실천이 있어야 앎이 의미를 가지며, 앎이 없이는 실천할 수 없다는 것입니다.

주희를 비롯한 유학자는 황제의 의사에 반하더라도, 올곧게 쓴말을 하는 것을 의무로 여겼습니다. 주희도 말년의 한때 중앙 관리로 임명되었으나 황제에게 바른말을 하는 바람에 지방으로 다시 옮겨가야 했습니다. 주희가 살아 있을 때의 황제는 주희의 학문을 '거짓

된 학문'으로 낙인찍고, 주희의 학문을 하는 사람들을 관직에 올리지 않기도 했습니다. 당시의 황제는 주희의 정직한 말을 감당하기 어려웠을지도 모릅니다. 그의 말은 그저 무시하기에는 큰 영향력이 있었습니다. 주희의 학문적 성취가 높아질수록 그 명성이 높아졌고 그를 따르는 제자들도 많았기 때문입니다. 자신의 학문이 심하게 탄압받자 주희는 자신의 학문이 후대에 이어지지 않고 잊힐까 두려워했습니다. 탄압이 심해지자 주희의 제자들도 자신의 스승을 부정하는 경우가 많았습니다. 많은 제자들이 떠나간 것입니다. 주희의 말년은 꽤나 우울했습니다.

주희의 우려와는 다르게 그가 죽은 뒤 20여 년이 지나자 주희의 학문에 대한 탄압은 사라졌습니다. 주희가 말한 공부법은 주희의 의도와는 다르게 주목받기 시작합니다. 누구나 과거제도를 통해 관직에 진출할 수 있는 상황이었기에, 누구나 시도할 수 있는 공부 방법이 필요하게 된 것이지요. 주희의 사서는 유학자들에게 보편적으로 받아들여지게 되었고, 과거 시험을 치르기 위해 공부해야 할 책으로 인정받았습니다. 정작 과거 시험을 혐오했던 주희의 학문이 과거 시험을 치르기 위한 교재로 채택되는 역설적 상황이 벌어졌습니다. 때문에 오늘날 대학의 '수신제가치국평천하'를 관료나 정치 지도자에게 요구되는 덕목으로만 이해하게 된 것일 수도 있습니다.

『대학』은 주희 사후에 활용된 것처럼, 그리고 우리가 흔히 이해하는 것처럼, 관직에 오르고자 하는 이들에게만 의미 있는 책이 아닙니다.

『대학』은 세상을 평안하게 하겠다는 통치자의 꿈을 가진 이들에게는 자신의 기본을 돌아보라 말합니다. 그리고 그 말은 특정 지도자에게 만 적용되는 말이 아닙니다. 일상에 머물러 있는 모든 이들에게 그들의 생활이 공부의 시작임을 알려 줍니다. 그 공부는 계속되어 세상을 평안하게 합니다. 일상에서 세상을 평안하게 하는 정치의 싹을 발견하는 것은 모든 사람이 정치에 자기 주도적으로 참여할 수 있는 가능성을 열어 둡니다.

봉건사회에서조차도 신하들이 왕의 말에 단순히 복종하지 않았다는 것은 우리에게 많은 것을 시사합니다. 우리는 민주주의 사회에서 살고 있습니다. 우리 모두가 왕이자 신하인 정치체제를 살고 있다고 할 수 있지는 않을까요? 우리 모두가 왕처럼 인격적 덕목을 갖추고 통치하고 또 신하처럼 정직하게 말할 수 있어야 하지 않을까요? 주희의 『대학』은 이처럼 우리에게 세상을 평화롭게 할 꿈을 가지라고 말합니다.

이 꿈은 주희가 공부하는 목적이자 이유이기도 합니다. 주희에게 '왜 공부를 해야 하죠?'라고 물으면, 주희는 세상을 평화롭게 하기 위해서라고 대답할 것입니다. 그리고 '어떻게 공부를 해야 하죠?'라고 물으면 자신의 주변을 살피고, 자신의 일상을 지탱하는 올바른 습관을 갖추고, 자신과 가까운 것에 마음을

쓰는 것에서 시작하라고 말할 것입니다. 주희가
말하는 공부는 새로운 지식을 많이 아는 것이 아니
었습니다. 가까운 것에서 이미 알고 있는 지식을 바탕
으로 그것과 관련한 앎을 더욱 늘려 가는 것. 이미 알고
있는 것들이 서로서로 관계 맺도록 하는 것. 그것이 진정한
공부가 아닐까요?

◉

古之欲明明德於天下者 先治其國 欲治其國者 先齊其家

欲齊其家者 先修其身 欲修其身者 先正其心 欲正其心者

先誠其意 欲誠其意者 先致其知 致知在格物

고지욕명명덕어천하자 선치기국 욕치기국자 선제기가

욕제기가자 선수기신 욕수기신자 선정기심 욕정기심자

선성기의 욕성기의자 선치기지 치지재격물

옛날에 세상 모든 사람들의 밝은 덕을 밝히고자 한 사람은,

먼저 그 나라를 다스렸고, 나라를 다스리고자 하는 사람은

먼저 그 집안을 질서 있게 했으며, 그 집안을

질서 있게 하고자 하는 자는 먼저 그 몸을 닦았으며,

그 몸을 닦고자 하는 사람은 먼저 그 마음을 바르게 했고,

그 마음을 바르게 하고자 하는 사람은 먼저 그 뜻을

성실하게 하였고, 그 뜻을 성실하게 하고자 하는 사람은

먼저 그 앎을 완성하였다. 앎을 완성하는 것은 격물에 있다.

◉

여성에게는 돈과
자기만의 방이 있어야 한다

버지니아 울프 · 『자기만의 방』

마지연

버지니아 울프,
20세기 여성 작가의 초상

버지니아 울프(Virginia Woolf, 1882
~1941)는 영국의 작가입니다. 버지니아 울프의 집안은 당대의 지식
인이나 작가들과 활발히 교류하는 문화의 중심지였습니다. 아버지는
사회적인 명성을 누리는 저술가였고, 어머니도 귀족 출신이었습니
다. 경제적으로도 궁핍함을 경험하지 않고 자랐습니다. 여기까지 보
면, 작가로 성장하기에 상당히 유리한 조건을 갖춘 셈입니다. 하지만
버지니아 울프가 작가가 되는 데 방해가 되는 한 가지 조건이 있었습
니다. 바로 여자라는 점이었습니다.

버지니아 울프는 남자 형제와 달리 대학 교육을 받지 못했습니다.
좋은 집안 덕을 보았다면 아버지의 서재에서 책을 빌려 읽을 수 있었
다는 정도였습니다. 버지니아 울프는 열세 살에 어머니의 죽음을 겪

고 스물두 살에 아버지가 죽습니다. 그사이 9년의 시간을 주목할 만합니다. 어머니가 죽은 뒤에 의붓언니였던 스텔라가 어머니의 역할을 대신해서 집안 살림을 하고 아버지를 돌보는 역할을 떠맡게 되었습니다. 그리고 2년 뒤 스텔라가 죽은 다음에는 바네사 언니와 버지니아 울프에게 그 역할이 주어졌습니다.

이 시기에 자신의 생명력을 억압하는 가장 커다란 바위는 아버지였다고 버지니아 울프는 기록했습니다. 그리고 아무런 보호막 없이 아버지의 괴팍한 성격에 노출되었다고 회상하지요. 버지니아 울프와 언니는 아버지가 차를 마시는 오후 다섯 시에는 언제나 집에 있어야 했고, 아버지가 산책을 가자고 하면 가야 했고, "불행한 수요일"에는 가계부를 들고 검사를 받으면서 온갖 비난과 욕설에 시달려야 했습니다. 다른 남자 형제들이 대학을 다니고 직장 생활을 할 때 집 안에서 아버지의 성질을 고스란히 받아 줘야만 했지요.

버지니아 울프의 아버지가 특별히 나쁜 사람은 아니었습니다. 그렇다고 특별히 더 권위적이었던 것 같지도 않습니다. 그저 그 시대의 보통 아버지의 모습이라고 할 수 있지요. 버지니아 울프는 그런 아버지에게 사랑과 분노를 동시에 느꼈습니다. 하지만 그러면서도 아버지를 한 인간으로서 매우 객관적으로 관찰했습니다.

회상록을 보면, 아버지를 두고 "같이 살기 힘든" 인간이라고 적고 있습니다. 갑자기 감정이 폭발하는 통제 불능의 성격을 두고 한 말인데요. 정작 아버지는 가족들이 힘들 거라는 생각은 하지 못하고, 자신의 괴팍한 성질을 두고 "이건 내가 천재라는 증거야." 하고 합리화했습니다. 상당히 웃기게 들리지만 정말 진지했던 모양입니다. 천재들은 평범한 사람과 달리 괴팍하고 종잡을 수 없다는 통념이 있었으니까요. 아버지는 유명한 저술가였으니까 그런 통념에 기대어 자신의 성향을 그저 좋은 쪽으로만 여겼지요.

어쨌든 아버지는 화를 낸 뒤에 사과를 하기는 했습니다. 그러면 아내와 딸들은 그 사과를 받아들일 수밖에 없었지요. 그럴 수밖에 없다는 사실을 아버지도 잘 알고 있었습니다. 여기에서 아버지의 성질이 얼마나 괴팍했느냐는 그리 중요하지 않습니다. 중요한 것은 남성은 성질을 부리고 여성은 받아 줘야 하는 관계라는 점입니다. 괴팍한 성질은 타고난 기질처럼 보이지만 사실은 사회적인 환경에 의해 길러지기도 합니다. 즉, 아버지는 어릴 때부터 응석받이로 자랐기 때문에 그 괴팍한 성질을 제어할 필요를 느끼지 못한 것입니다.

이 시기에 의붓오빠 조지는 버지니아 울프를 사교계의 파티에 이리저리 끌고 다녔습니다. 버지니아 울프에게 파티는 하나의 시험처럼 느껴졌습니다. 예쁜 옷을 입어야 하고, 사랑스러운 미소를 지어야 하고, 사람들에게 좋은 평가를 받아야 하니까요. 그러지 않으면 파트너 없이 서 있는 굴욕감을 느껴야 하고 옷차림이 이상하다느니 촌스럽다느니 하는 말들로 수모를 겪어야 했습니다. 파티에 가는 것은 고역이고 시련이었지만 거절할 수 없었지요.

버지니아 울프는 회상록에 이렇게 적었습니다. "내가 스무 살일 때, 조지는 서른여섯 살이었다. 그리고 나에게 50파운드가 있을 때, 그에겐 1년에 1천 파운드의 돈이 있었다. 이런 사실들이 내가 그의 모든 판단에 굴복하지 않기가 어려운 이유들이었다."

돈과 권력을 가진 남성과의 관계에서 버지니아 울프는 자신이 힘 없는 여성이라는 사실을 인식하게 됩니다. 파티의 초대장을 찢으며, "나는 파티에 가고 싶지 않아." 하고 말할 수는 없었으니까요. 자신의 감정과 의견을 있는 그대로 표현할 수 없다는 것은 작가에게는 치명적인 일입니다. 또한 여성은 자신의 욕망을 드러내는 데에도 제약을 받을 수밖에 없었습니다. "소녀의 경우 상류 사회에 등을 돌리면 아무런 희망이 없었다. 그 외의 다른 욕망, 예를 들어 그림을 그리거나 글을 쓰려는 욕망은 절대로 진지하게 받아들여질 수 없었다."

버지니아 울프가 처음으로 글을 발표한 것은 공교롭게도 아버지가 죽은 그해(1904년)였습니다. 『타임스』 문학 부록에 익명으로 서평을 발표하면서 무명작가의 생활이 시작되었습니다. 그 뒤 1915년에 첫 장편소설 『출항』을 출판했습니다. 그 소설을 쓰는 데만 꼬박 6년이 걸렸지요. 그사이 논평이나 서평을 발표하면서 오랜 무명 시절과 습작기를 거쳐야 했습니다. 버지니아 울프는 교육을 받지 못했고, 혼자서 공부하고 글쓰기를 했으니까요.

게다가 버지니아 울프가 참조할 수 있는 여성 작가의 작품이 거의 없었다는 점도 아마 큰 어려움이었을 겁니다. 문학적 전통 역시 남성들이 만든 것이었습니다. 그 전통의 영향 아래에서 버지니아 울프가

버지니아 울프 20세기 대표적 작
가이며, 대표작으로 『댈러웨이 부
인』, 『등대로』, 『자기만의 방』이 있
다. 남성들이 만든 문학적 전통 아
래에서 여성의 글쓰기를 치열하게
탐색했다. 『자기만의 방』 이후로 문
학에서 여성의 글쓰기라는 새로운
시각과 시도가 가능해졌다.

여성으로서 자기만의 목소리를 내고 그에 적합한 형식을 스스로 익
히기까지 오랜 시간이 걸린 것이지요.

　버지니아 울프는 어머니가 살아 있을 때의 유년 시절을 가장 행복
한 시절로 꼽습니다. 유년 시절 이후로 '위대함'을 느껴 본 적이 없
다고 말할 정도였습니다. 그만큼 어머니를 무척 사랑했습니다. 어머
니가 죽은 뒤 버지니아 울프는 안온하고 충만한 가족이라는 테두리
를 엮어 주었던 힘이 어머니의 영향력이었다는 것을 알게 됩니다.
하지만 버지니아 울프가 원하는 삶을 살기 위해서는 죽은 어머니의

'유령'에서 벗어나야 했습니다. 어쩌면 사랑하기 때문에 어머니의 유령에서 해방되기가 더 어려웠는지 모릅니다. 왜 '유령'이었냐고요? 버지니아 울프의 어머니는 남성 중심 사회가 원하는 이상형이었습니다. 그 이상적인 여성의 이미지는 버지니아 울프가 글을 쓸 때마다 유령처럼 나타나 끈질기게 괴롭혔습니다.

내가 서평을 써낼 수 있으려면 이 분명한 유령과 싸워야 한다는 사실을 깨달았다. 여자였던 그 유령과 좀 가까워지자 나는 유명한 시의 여주인공 이름을 따서 '집안의 천사'라고 불러 주었다. 그 여자는 내가 서평 쓰기에 몰두하고 있을 때 나와 내 종이 앞에 나타나곤 했다. 그녀가 나를 귀찮게 하고 시간을 낭비하게 만들며 괴롭히길래 마침내 나는 그녀를 죽여 버렸다. (…) 나는 가능한 한 짧게 그녀를 묘사하겠다. 그녀는 정말 대단히 동정적이다. 그녀는 어마어마하게 매력적이다. 전혀 이기심이 없었다. 가정생활의 어려운 문제들을 척척 풀어 가는 능력이 있었다. 매일같이 자신을 희생시켰다. (…) 한마디로 그녀에게는 자기만의 정신이나 소망 같은 것이 전혀 없고 그저 타인의 정신이나 소망에 언제나 따르는 것을 더 선호했다.

—「여성의 전문직」

가족을 위해 희생하고 헌신하는 어머니의 모습은 무척 매력적이고
사랑하지 않을 수 없습니다. 하지만 동시에 그런 어머니의 모습
이 자신을 억압하기도 합니다. 자기의 욕망을 가지고 자기
삶을 살아가려고 했을 때 '집안의 천사'였던
어머니의 모습을 부정해야 하기 때문입니다.
괜히 죄책감이 들 수도 있습니다. 하지만
부모 역시 사회의 지배적 가치나 관습의 영향을
받은 하나의 인간일 뿐입니다. 그래서 부모로
부터 정신적으로 독립을 한다는 것은 부모 세대가
가지고 있는 낡은 관습과 편견으로부터 독립하는
것입니다. 모든 자식들은 그렇게 부모 세대를 넘어
왔습니다.

　　버지니아 울프는 『등대로』라는 소설을 쓴 뒤에
어머니의 유령에서 벗어날 수 있었다고 합니다.
글쓰기를 통해서 자신을 괴롭혔던 이상적인
여성의 이미지로부터 자유로워진
것이죠. 이처럼 버지니아 울프는
자신의 일상 속의 문제, 가부
장제의 관습들을 정면으로
응시했습니다. 비록 중상류
계층의 훌륭한 가문이었

지만 '여성'이라는 삶의 조건이 버지니아 울프에게 가장 큰 걸림돌이었기 때문입니다. 버지니아 울프는 그 걸림돌을 외면하거나 적당히 넘기지 않았습니다. 오히려 여성의 내면을 솔직하게 표현하는 방식을 통해서 남성 중심의 사회를 예리하게 그려내고 있습니다.『자기만의 방』도 그런 작품입니다.

여자들은 왜 가난할까요?

버지니아 울프의 작품 중에서 가장 유명한 것은 1929년에 출판된 『자기만의 방』입니다. 소설보다 더 인기를 끌었지요. 이 책은 강연문을 바탕으로 쓴 에세이입니다. 1928년 10월, 케임브리지의 여자 대학인 거턴과 뉴넘에서 했던 강연입니다. 그때 강연의 주제가 '여성과 픽션'이었습니다. 버지니아 울프는 당시 마흔일곱이었고, 대표작인 『댈러웨이 부인』과 『등대로』를 출판한 뒤였으니까 작가로서 한창 때였지요. 버지니아 울프는 누구도 흉내 내지 못할 문체를 가지고 있었고 당대의 전통 기법을 뛰어넘은 실험적인 소설가였습니다. 자기 색깔과 개성이 뚜렷한 작가였지요.

여학생들은 귀를 쫑긋 세우고 버지니아 울프의 강연을 들었겠지요. 여성 작가에게 글쓰기에 대한 조언을 직접 들을 수 있는 기회였으니까요. 그런데 버지니아 울프는 뜻밖의 말을 합니다.

　내가 할 수 있는 일이라고는 고작해야 별로 중요해 보이지 않는 한 가지 의견, 즉 여성이 픽션을 쓰기 위해서는 돈과 자기만의 방이 있어야 한다는 의견을 제시하는 것입니다.

　픽션은 시나 소설 같은 창작물, 넓게 문학이라고 볼 수 있겠지요. 그런데 여성과 문학, 혹은 여성과 글쓰기라는 주제에 관해 버지니아 울프는 엉뚱하게도 돈과 방을 이야기합니다. 돈이라고요? 유명한 소설가라고 하더니 이게 뭡니까, 하겠지요. 이 품위 없는 발언으로 강의실이 웅성거렸을지도 모릅니다. 지금 우리의 마음이 그런 것처럼요. 문학을 논하는 자리에서 돈 이야기를 꺼낸 작가는 아마 버지니아 울프밖에 없었을 겁니다. 고상하고 지적인 문학 토론을 예상하고 있었다면 잠이 확 깰 만한 말입니다. 그래서 이 말이 신선하게 들립니다.
　문학과 돈. 어울리지 않는 단어의 조합입니다. 그러나 버지니아 울프는 여성과 픽션이라는 광범위하고 지적인 주제를 돈과 방이라는 물질적인 문제와 연결하고 있습니다. 우리는 지적이고 고상한 주제와 돈과 방이라는 현실적인 문제를 따로 떼어서 생각하는 데 익숙합니다. 이 문제 따로, 저 문제 따로 보는 식으로요. 심지어 이 책을 읽은 사람들도 돈과 방을 상징적인 의미로 해석하고 싶어 합니다. 돈은 심사숙고할 수 있는 능력을 상징하고 문에 달린 자물쇠는 스스로 사고할 수 있는 능력을 의미한다는 식으로. 하지만 버지니아 울프는 물질적 토대의 중요성을 강조합니다. 말 그대로의 돈과 방이 필요하다는 이야기입니다.

버지니아 울프는 남자 대학과 여자 대학의 물질적인 조건을 식사하는 장면을 통해서 보여 주고 있습니다. 왜 소설가들은 오찬 모임이나 만찬 모임에서 지적인 대화들이 오가는 것에만 관심을 보이냐고 이의를 제기합니다. 마치 아무것도 안 먹은 것처럼, 혹은 음식이 별로 중요하지 않은 것처럼 말입니다. 버지니아 울프는 '무엇을 먹었는지'에 주목합니다.

넙치로 시작된 남자 대학의 오찬에는 다양한 새 요리와 샐러드, 구운 고기, 푸딩이라고 말하면 모욕이 될 것 같은 디저트, 노란색과 진홍색으로 빛나는 포도주가 나왔습니다. 그리고 안락한 소파와 기분 좋은 양탄자도 있었습니다. 점차 마음이 느긋해지고 마침내 "등뼈의 절반쯤 내려간 곳, 영혼이 머무는 곳에서 점차 불이 켜졌"습니다.

그런데 여자 대학에서는 평범한 고깃국이 나왔습니다. 그 안에는 상상력을 자극할 만한 어떤 것도 들어 있지 않았습니다. 멀건 국물을 통해서 접시 바닥이 들여다보일 정도였는데 아무런 무늬도 없었습니다. 접시도 평범한 것이었지요. 그리고 포도주 대신 물병이 후하게 건네졌습니다. 음식이 시원찮았다고 해서 "만찬이 별로 대단치 않았어요." 하고 말할 수는 없기 때문에 대화도 시들해지고 말았습니다.

『자기만의 방』 1929년 호가스 출판사에서 출판된 초판본의 표지. 호가스 출판사는 남편 레너드 울프가 차린 것이다. 버지니아 울프의 작품 대부분을 출판했고, T. S. 엘리엇 같은 작가들을 발굴하기도 했다. 표지는 언니 바네사 벨이 그렸다.

인간이라는 유기체는 실상 마음과 몸, 두뇌가 함께 결합되어 있고, 앞으로 백만 년이나 지나면 모를까 각각의 칸막이 속에 격리 수용된 것이 아니기에, 훌륭한 저녁 식사는 훌륭한 대화를 나누는 데 대단히 중요한 요인이지요. 저녁 식사를 잘 하지 못하면 사색을 잘할 수 없고 사랑도 잘할 수 없으며 잠도 잘 오지 않습니다. 쇠고기와 프룬을 먹고는 등뼈의 램프에 불이 켜지지 않습니다.

남자 대학의 식사가 분위기 좋은 레스토랑에서 먹는 정찬이었다면, 여자 대학의 식사는 허름한 구내식당에서 먹는 백반 정도라고 할 수 있습니다. 보잘것없는 음식으로 대충 끼니만 때웠을 때는 포만감도 들지 않고 불만족스러운 기분에 시달리며 괜히 짜증이 나기도 합니다. 그러나 여유롭게 풍족한 식사를 할 때는 충만한 기분이 들고 마음이 활짝 열리게 됩니다. 그럴 때 대화도 자연스럽게 활발해지고 영혼 깊숙한 곳의 램프까지 켜진다는 거죠.

지적 문제도 이와 다르지 않다는 겁니다. 문학작품 역시 물질적인 조건과 환경의 산물이라는 거죠. 예술은 가난과 고통 속에서 탄생한다는 통념이 있습니다. 버지니아 울프의 의견은 그런 통념과 반대지요. 가난과 고통에 시달리면 시달릴수록 훌륭한 작품을 쓰기란 그만큼 더 어려운 일입니다.

지적 자유는 물질적인 것들에 달려 있습니다. 시는 지적 자유에 달려 있지요. 그리고 여성은 그저 200년 동안이 아니라 역사가 시작된 이래로 언제나 가난했습니다. 여성은 아테네 노예의 아들보다도 지적 자유가 없었습니다. 그러니 여성에게는 시를 쓸 수 있는 일말의 기회도 없었던 거지요.

남자 대학은 부유하고 여자 대학은 가난했습니다. 여기에서 버지니아 울프는 '여성은 왜 가난한가?' 하는 질문을 던집니다. 『자기만의 방』에서 버지니아 울프가 처음으로 던지는 질문입니다. 그냥 가난의 문제가 아니라 콕 집어 여성의 가난을 지적했습니다. 그것은 부의 불평등이 성의 불평등과 연관되어 있다는 사실을 일깨웁니다.

'여성의 가난'은 신분이나 계급의 차이로는 설명되지 않습니다. 귀족이냐 평민이냐 혹은 부유한 계급이냐 가난한 노동자 계급이냐 하고 따지는 것으로는 충분치 않습니다. 왜냐하면 여성이기 때문에 겪는 가난이 있기 때문입니다. 당시 귀족 출신, 중상류 계층의 딸도 아버지의 아량에 따라 용돈을 받아 옷을 구입하는 자유가 있었을 뿐입니다. 따라서 '여성의 가난'은 사회 속에서 여성의 위치가 어땠는지, 어떤 존재였는지를 살펴봐야 합니다. 즉, 여성의 가난은 '여성'이라는 특수성 속에서만 이해할 수 있습니다.

나는 여자였습니다

『자기만의 방』에서 첫 장면이 시작되는 곳은 바로 대학입니다. 옥스브리지라는 가상의 대학이지요. 여기에 등장하는 '나'도 가상의 화자이며, 여성입니다. 버지니아 울프는 이런 형식을 통해서 여성이 어떤 존재인가를 드러내고 있습니다. 가상의 화자인 '나'는 버지니아 울프를 대신해서 여성과 픽션이라는 주제에 대해 골똘히 생각에 빠져 있었습니다. 그러다 생각이 어느 한곳으로 모이는 것을 느끼고 벌떡 일어났습니다.

나도 모르는 사이에 잔디밭을 가로질러 재빨리 걷고 있었습니다. 그 순간 웬 남자의 모습이 솟아올라 갑작스럽게 나를 가로막았습니다. 처음에는 와이셔츠에 모닝코트를 걸친 기묘해 보이는

그 물체의 몸짓이 나를 겨냥하고 있다는 사실을 알아차리지 못했지요. 그의 얼굴은 경악과 분노를 담고 있었습니다. 그 순간 나를 도운 건 이성보다는 본능이었지요. 그 사람은 교구 관리였고 나는 여자였습니다. 이곳은 잔디밭이었고 인도는 저편에 있었습니다. 이곳은 대학의 특별 연구원이나 학자들에게만 허용된 장소였으며 내게 적합한 곳은 저 자갈길이었습니다. 이런 생각을 떠올리는 데는 채 한순간도 걸리지 않았지요.

여성과 픽션이라는 주제에 접근하자마자 방해를 받았습니다. 한곳으로 모였던 생각은 흩어지고 말았습니다. 여자는 대학의 잔디밭을 걸을 수가 없다는군요. 결국 잔디밭에서 쫓겨나는 신세가 되었습니다. 하지만 그 대학에 유명한 도서관이 있다는 사실을 떠올리고 도서관으로 향합니다. 도서관에 들어서자마자 이번에는 은발의 신사가 나타나서 가로막습니다. 여성이 도서관에 들어오려면 대학 연구원과 함께 오거나 소개장이 있어야 한다고 말하면서 돌려보냅니다. 할 수 없이 분노에 차서 도서관 계단을 내려오지요.

이 장면을 통해서 알 수 있듯이 대학은 남성의 특권적인 공간이었습니다. 버지니아 울프가 강연을 했던 거턴(1869년 설립)이 세계 최초의 여자 대학이었습니다. 일반 대학이 여성의 입학을 허용하지 않았기 때문에 여자 대학이 생기게 되었지요. 그리고 뉴넘이 뒤이어 설립되었습니다. 19세기 말이 되어서야 여성이 교육받을 수 있는 대학이

두 군데 생긴 거지요. 하지만 교육을 받을 수 있는 여성은 극히 소수에 불과했습니다. 20세기에도 여성이 대학 교육을 받는 것은 자연스러운 일이 아니었습니다. 놀라운 일이지요.

당시 영국에서 여성의 상황이 어땠는지 조금 더 예를 들어 보겠습니다. 기혼 여성이 재산을 소유할 수 있는 법안은 1880년에 통과되었다고 합니다. 그 전까지는 허드렛일로 돈을 번다고 해도 자신의 소유가 아니었지요. 그리고 여성에게 전문직이 개방된 것은 1919년 즈음입니다. 그 전까지 여성의 직업은 결혼이었습니다. 남성에게 종속되어 있을 수밖에 없었지요.

마치 먼 옛날 이야기처럼 들리겠지만, 20세기의 상황이고 100년도 안 된 일입니다. 여성이 대학을 다니고 전문직에 진출하고, 투표권을 획득한 것(1918년)도 마찬가지입니다. 20세기가 되어서야 여성은 겨우 사회에 모습을 드러내게 된 것이지요. 버지니아 울프가 강연을 듣는 여학생들을 향해 돈과 자기만의 방을 가지라고 그토록 강조했던 것이 이해가 될 겁니다. 버지니아 울프는 이런 말로 그 여학생들을 독려했습니다. 대학에 다니고 돈을 벌 수 있는 기회를 얻게 되었고, 이제는 여성에게도 공공도서관이 개방되었다고요. 남성에게는 당연했던 모든 일들을 여성들은 엄청난 행운처럼 여겨야 했지요. 참 씁쓸해지는 대목입니다.

남성 중심의 사회에서 여성은 '배제된 존재'입니다. 지적인 분야에 있어서도 마찬가지입니다. 현대 이전에 모든 위대한 사상가나 철학자들은 자신의 책을 여성들이 읽을 거라고 상상하지 못했습니다. 아예 여성 독자를 염두에 두고 쓰지 않았습니다. 그들의 사상과 철학은 당연히 남성들을 위한 것이었습니다. 남성들만 책을 쓰고 읽었으니까요. 그 책을 읽은 가난한 남성도 군자나 철학자의 삶을 살겠다는 이상을 가질 수 있었겠지요. 현실이 녹록지 않겠지만 이상은 가질 수 있잖아요. 하지만 여성은 꿈도 꾸지 못했습니다. 남성 중심 사회에서 '보편적인 인간'이라는 개념에는 여성이 은근슬쩍 빠져 있습니다.

대학과 도서관에 갈 수 없었던 여성들은 어디에 있었을까요? 여성은 언제나 집에 있었습니다. 아이를 낳고, 키웠지요. 『자기만의 방』에는 열세 명의 아이를 낳은 어머니가 사례로 나옵니다. 버지니아 울프의 어머니만 해도 일곱 명의 아이를 낳았습니다. 한 아이를 키우는 데 5년은 걸립니다. 아이를 낳고 키우는 것은 위대한 일이지만 아무도 돈을 주지는 않습니다. 가족을 돌보고 집안일을 하는 것도 반드시 필요한 일이지만 돈을 주지는 않습니다. 사회적으로 무가치하게 평가되었지요.

여성이 집 밖으로 나와 옥스브리지의 잔디밭에 들어갔을 때 어떤 일이 벌어졌습니까? 웬 남자가 경악과 분노를 담은 얼굴로 가로막았습니다. 대학은 남성이 경제력과 지적 자유를 독점할 수 있었던 공간이기 때문이지요. 그렇다면 여성들도 대학을 다니고 돈을 벌겠다고 했을 때 어떤 일이 벌어졌을까요?

거턴과 뉴넘의 여학생들은 강의를 수강할 수 있었지만 학사 학위를 받을 수는 없었습니다. 자신의 이름 뒤에 B.A.라는 학사 학위 칭호를 붙일 수 없었기 때문에 직업을 얻는 데 불리했습니다. 여학생들이 시험을 치르고 학사 학위를 받을 수 있도록 하자는 안을 놓고 투표를 했을 때 남성들의 압도적인 반대표가 나왔습니다. 투표율이 그렇게 높았던 적은 한 번도 없었다고 합니다. 학내에 거주하지 않는 학자들까지 몰려들었거든요. 1939년이 되어서야 여학생들은 자신들의 이름 뒤에 학사 학위의 칭호(B.A.)를 붙일 수 있었습니다. 하지만 그때도 대학의 구성원으로서 운영에 참여할 권리는 없었습니다. 남성과 동등한 자격이 주어지지 않았던 거죠.

아이러니하게도 여성이 자신의 인생을 주체적으로 살기 위해 무슨 일이든 시도한다면 가장 커다란 장벽을 만나게 됩니다. 바로 자신이 여성이라는 사실입니다. 여성에게 강요된 삶을 넘어서려고 할 때마다 '여성'이라는 사실을 인식하게 됩니다. 그 과정은 불쾌함과 고통이 따릅니다. 그렇다고 이 과정을 피할 수도 없습니다.

잠긴 문 밖에 있는 것이 얼마나 불쾌한 일인가를 생각했고, 어쩌면 잠긴 문 안에 있는 것이 더욱 나쁠지도 모른다고 생각했습니다.

여성에게 자갈길로 다니라고 하고 도서관에는 들어올 수 없다고

했을 때 그것을 당연하게 받아들인다면 배제된 존재로서의 자신을 인식하지 못하겠지요. '왜 그래야 하지?' 하고 질문하고 시도할 때 배제와 차별을 인식하게 됩니다. 옥스브리지의 잔디밭을 가로지르고, 도서관의 문을 열고 들어가려고 할 때 비로소 배제된 존재로서의 여성을 느끼게 되지요. 분노와 모욕감이라는 다루기 힘든 감정이 따라오겠지만 그 끊임없는 시도로 여성은 자기 자신으로 살아갈 수 있습니다.

여성은 문 밖에 있는 존재였습니다. 도서관에 마음대로 들어갈 수 없었지요. 그것은 불쾌한 일입니다. 쓸데없이 분노와 모욕감을 느껴야 할 수도 있습니다. "불가사의한 사회에 혼자 버려진 듯한 느낌"이 들 수도 있고요. 하지만 여성은 질문할 수 있었습니다. '여성은 왜 가난한가?' 하고 말입니다. 그 질문은 남성 중심 사회를 정확하게 겨냥하고 있습니다. 남성은 여성을 배제함으로써 돈과 권력을 유지해 왔습니다. 여성은 물질적 토대를 박탈당하고 열등한 존재로 여겨졌지요.

질문할 수 있는 능력을 가진 쪽은 문 밖에 있는 사람들입니다. 문 안에 있는 사람들은 자기 자신에 대해서, 세상에 대해서 질문하지 않습니다. 질문할 필요를 느끼지 못합니다. 그들은 자신이 어떻게 생겨먹었는지, 세상이 어떻게 생겨먹었는지 궁금해하지 않습니다.

여자들은 왜 글을 쓰지
않았을까요?

셰익스피어에게 누이동생이 있었다면

『자기만의 방』은 여성 작가와 여성의 문학작품을 최초로 다룬 책입니다. 나는 이런 사실에 새삼스럽게 놀랐습니다. 1929년에 나온 이 책이 여성 작가들을 다룬 최초의 문학사라니. 그러고 보면 여성 작가들이 별로 없다는 사실을 막연히 알고는 있었습니다. 왜 그런가 하고 굳이 따져 보지는 않았지만 말입니다. 그런데 버지니아 울프가 작정하고 질문을 던졌습니다. 여자들은 왜 글을 쓰지 않았을까.

16세기 셰익스피어의 시대는 문학의 황금기였습니다. "남성이라면 누구든지 노래와 소네트를 지을 수 있었던 듯한 그 시대에" 왜 여자들은 단 한 줄도 쓰지 않았냐고 버지니아 울프는 묻습니다. 그때 여성들은 어떤 처지였을까요.

버지니아 울프가 참조한 『영국사』에 나온 '여성의 지위'는 다음과 같습니다. "아내에 대한 구타는 남성의 공인된 권리였고, 상층민이나 하층민이나 할 것 없이 수치심을 느끼지 않고 자행했다." 여성에 대한 기록은 약 200년 뒤에나 다시 나옵니다. 그때도 "자신의 남편을 선택하는 것은 불가능했고 남편이 정해지면 법과 관습이 지켜 주는 한에서 그녀의 지배자이자 주인이었다."고 합니다.

픽션은 상상력에 의한 작업이긴 하지만 조약돌처럼 땅 위에 떨어지는 것이 아닙니다. (…) 픽션은 거미집과 같아서 아주 미세하게라도 구석구석 현실의 삶에 부착되어 있습니다. (…) 이 거미집들은 형체 없는 생물이 공중에서 자아낸 것이 아니라 고통받는 인간 존재의 작업이며, 건강과 돈 그리고 우리가 살고 있는 집처럼 조잡한 물질에 부착되어 있다는 사실을 기억하게 됩니다.

만약 셰익스피어에게 '주디스'라 불리는 누이동생이 있었다면 어땠을까? 버지니아 울프는 이런 가정을 합니다. 주디스는 셰익스피어와 똑같은 재능을 타고났다고 해 봅시다. 주디스가 어떻게 살았을지 버지니아 울프의 시나리오를 따라가 볼까요? 주디스는 학교에 다니지 못했을 테고, 오빠의 책을 읽으면 꾸지람을 들어야 했고, 아버지가 강제로 결혼을 시키려고 하자 반항하다가 두들겨 맞기도 합니다. 주디스의 아버지는 여자의 삶을 직시하라고 현실적인 조언을 합니다.

하지만 주디스는 셰익스피어만큼 모험심이 있었습니다. 자신의 재능을 발휘하기 위해 가출을 한 뒤 런던으로 갔습니다. 주디스는 배우가 되려고 했지요. 그러나 여자는 연기 훈련을 받을 수 없고 연극 무대에도 오를 수 없었습니다. 당시에는 여자 역할도 남자들이 했습니다. 그리고 주디스는 어느 감독의 아이를 임신한 사실을 알고 스스로 목숨을 끊었습니다.

창작에 적합한 마음의 상태는 어떤 것일까요? 버지니아 울프는 "셰익스피어의 마음"을 들었습니다. 그것은 "방해받지 않고 눈부시게 타오를 수 있는 마음"이었습니다. 셰익스피어의 작품에는 작가를 상기시키는 어떤 흔적도 없었습니다. 실제로 셰익스피어는 재능을 발휘하는 데 어떤 방해도 받지 않았지요. 그는 문법학교를 다녔고, 유산을 상속받을 수 있었고, 런던으로 가서 연극 무대에 오를 수 있었습니다. 그 과정에서 주디스처럼 설교나 훈계, 비난을 받지도 않습니다. 셰익스피어는 자신의 재능을 온전히 발휘할 수 있었지요. 그는 '우주의 중심'에서 살았습니다.

하지만 셰익스피어가 여성이었다면 셰익스피어가 될 수 없었겠지요. 그건 불가능합니다. 16세기에 태어난 여성은 "방해받지 않는 마음"을 가질 수 없었습니다. 당시 여성은 남편의 재산에 불과했습니다. 그리고 길거리를 나다니거나 런던으로 혼자 가는 것 자체가 불가능했습니다. 그런 사회에서 주디스처럼 끊임없이 자신의 재능을 펼치려고 했다면, 그녀는 사람들의 비난과 조롱의 대상이 되었을 겁니다. 그녀의 마음은 심각한 타격을 받고 고통으로 분열되었겠지요. 그녀의 신경이 너무 약한 게 아니냐고 나무랄 수는 없습니다. 밧줄처럼 튼튼한 신경을 가졌다고 해도 그녀가 그 모든 삶의 조건을 뚫고 좋은 글을 쓰기란 불가능합니다.

만일 그녀가 글을 썼다면 그녀의 작품은 고통으로 비틀리고 불구가 되었을 거라는 게 버지니아 울프의 상상입니다. 아니면 익명으로 출판되었을 수도 있습니다. 어쨌든 16세기에는 여성의 이름이 붙은 작품이 없으니까요.

걸작은 혼자 태어나지 않는다

버지니아 울프는 시대별로 여성들의 작품을 읽으면서 논평을 합니다. 그중에 가장 성공적인 것은 19세기의 작가 제인 오스틴의 작품입니다. 그녀의 마음은 셰익스피어처럼 방해받지 않고 타올랐습니다. 제인 오스틴은 공동 거실에서 온갖 종류의 방해를 받으면서 썼는데도 『오만과 편견』에는 아무런 방해의 흔적을 찾아볼 수 없습니다. 그녀는 계단의 돌쩌귀가 삐걱거리는 소리가 나는 것을 다행으로 여겼지요. 그 소리에 손님들이 오는 것을 알아채고 쓰고 있던 소설을 종이로 가릴 수 있었거든요. 게다가 한 번도 여행을 하거나 런던 시내를 다닌 적도 없다고 합니다. 이런 조건 속에서 제인 오스틴이 온전한 작품을 써낼 수 있었던 것은 기적에 가까운 일이라고 버지니아 울프는 이야기합니다.

제인 오스틴이 '그럼에도 불구하고 해냈다'는 기적의 성공 사례라면 대부분 여성 작가들의 작품은 어디선가 실패했습니다. 그런데 버지니아 울프는 그 실패 사례를 더 자세하게 다룹니다. 왜 그랬을까요? 실패 자체보다는 어떻게 실패했는가, 실패한 지점이 어디인가를 발견하는 일이 더 중요하기 때문입니다. 그러니 버지니아 울프가 쓴 여성의 문학사는 방해의 흔적과 실패의 지점을 발견하는 과정입니다.

여성 작가들은 남자라면 겪지 않아도 될 여러 가지 어려움을 겪어야 했습니다. 대부분의 여성은 그 걸림돌에 걸려 실패했습니다. 문학적 완성도가 떨어지는 작품을 남기기도 했고, 보잘것없는 글을 쓰다간 무명의 여성도 수없이 많았겠지요. 물론 역사가 그들을 기억하지는 않습니다. 하지만 우리는 그 여성들의 삶을 기억해야 합니다. 그 수많은 무명의 여성들은 남성 중심의 사회에서 고통받으면서 글을 썼고, 비록 보잘것없는 작품을 남겼다고 해도 '그럼에도 불구하고 살아 냈기' 때문입니다.

'그럼에도 불구하고 살아 냈다'는 것이 훌륭한 작품을 남기는 것보다 가치 없는 일은 아닙니다. 그 삶의 과정 하나하나는 소중합니다. 그 여성들의 삶 자체가 다음 세대의 디딤돌이 되었습니다. 그러니 훌륭한 작품은 그 이전에 수많은 무명 여성의 삶과 실패에 빚지고 있는 셈입니다.

걸작이란 혼자서 외톨이로 태어나는 것이 아니니까요. 그것은 오랜 세월에 걸쳐서 일단의 사람들이 공동으로 생각한 결과입니다. 그래서 다수의 경험이 하나의 목소리 이면에 존재하는 것이지요.

여자들이 글을 쓰기 시작한 것은 17세기입니다. 작품을 남긴 여성은 둘 다 귀족이었고, 최고의 남편감과 결혼했고, 아이는 없었습니다. 좋은 조건이었지요. 그러니 글을 쓸 엄두를 낼 수 있었겠지요. 하지만 그 여성들은 사회적인 적대감 속에서 글을 써야 했습니다. 여자가 시를 쓰다니 미친 게 틀림없다고 여기는 시대였으니까요. 그 시대에는 여자들이 편지를 쓰는 정도만 허용되었습니다. 남성 중심의 사회는 여성의 글쓰기를 가로막았습니다. 17세기에 글을 쓴 여성들은 남성을 '반대당파'로 인식할 수밖에 없었지요. 그 두 명의 귀족 부인은 여성의 지위에 대해 분노하거나 우울해하는 시를 썼습니다. 산책하기를 좋아하고 자연을 사랑했던 그 여성들의 마음은 증오와 두려움으로 분열되었습니다. 만약 증오와 두려움, 분노와 같은 감정을 쌓아 올리지 않았다면, 아름다운 서정시를 남길 수 있었던 여성이었겠지요.

글을 써서 최초로 돈을 벌었던 여성은 18세기에 등장합니다. 그녀는 중산층 여성이었습니다. 그 뒤로 글을 쓰는 일반 여성들이 생겨났습니다. 글을 써서 돈을 벌 수 있게 되자 18세기 후반에는 여성들의 활발한 흐름이 생깁니다. 모임을 만들고 에세이를 쓰고 번역을 하는 활동들을 하게 됩니다. 이런 흐름들이 있었기 때문에 다음 세대의 작가들이 출현하는 것이지요.

드디어 19세기에 이르면 우리가 알 만한 소설가들이 나옵니다. 제인 오스틴, 조지 엘리엇, 샬롯 브론테, 에밀리 브론테 같은 작가들이 있습니다. 여성 소설가들이 등장한 지는 이제 겨우 200년 정도 되었을 뿐입니다. 그 여성들이 소설을 썼던 환경을 알아볼까요. 19세기 초까지 대단한 부자가 아니면 여성이 자기만의 방을 갖는 것은 불가능했습니다. 그녀들은 공동 거실에서 소설을 썼습니다. 글쓰는 훈련이나 교육도 받지 못했지요. 또 여성에게 여행이나 교제와 같은 활동도 허용되지 않았습니다. 샬롯 브론테는 너무 가난해서 『제인에어』를 쓸 때 종이를 조금씩밖에 사지 못했습니다. 게다가 그녀의 재능은 자신에게 허용되지 않았던 여행과 교제에 대한 갈망과 고통에 시달리느라 소모되었습니다. 그녀의 작품에도 그 흔적이 고스란히 드러납니다.

물질적 환경 외에도 여성 작가들의 용기를 꺾는 방해와 비판의 목소리는 여전히 강했습니다. "여성 존재의 본질은 남자에 의해서 부양되고 남자에게 봉사하는 것이다." 권위 있는 남성의 이런 발언들은 신경이 쓰이는 일입니다. "여성에게 지적으로 기대할 만한 것은 전혀 없다."는 의견도 산더미처럼 쌓여 있습니다. 그리고 "여성 소설가들은 자신의 성의 한계를 용감하게 인정함으로써 탁월한 경지에 이르기를 열망할 수 있다."고 조언하기도 합니다.

제인 오스틴 영국의 소설가(1775~
1817). 중산층의 일상생활을 섬세한 시
선과 재치 있는 유머로 그려냈다. 작품
에 『오만과 편견』, 『이성과 감성』, 『설
득』 등이 있다. 제인 오스틴은 평생 공
동 거실에서 소설을 썼으며 독신으로
지냈다.

그녀들은 오른쪽이든 왼쪽이든 조금도 움직이지 않을 수는 없었
을 것입니다. 순전한 가부장제 사회의 한가운데에서 그런 비판
에 직면하여 움츠러들지 않고 자신이 본 그대로의 사물을 고집
하는 일은 대단한 재능과 성실성을 요구했겠지요. 그 일을 해낸
것은 오직 제인 오스틴과 에밀리 브론테뿐이었습니다. 이것은
그들의 또 다른, 어쩌면 가장 훌륭한 미덕입니다. 그들은 남성처
럼 쓰지 않고 여성이 쓰듯이 썼습니다.

19세기의 여성 소설가들은 가부장제의 권위와 비판에 순응하거나

브론테 자매 세 자매 모두 영국의 소설가이다. 『제인 에어』를 쓴 샬롯 브론테(1816~1855), 『폭풍의 언덕』을 쓴 에밀리 브론테(1818~1848). 『와일드펠 홀의 소작인』을 쓴 앤 브론테(1820~1849). 남동생이 그린 초상화이며, 왼쪽부터 차례대로 앤, 에밀리, 샬롯이다.

반박해야 했으므로 자신이 해야 할 이야기에 전념하지 못했습니다. 반박하는 것도 가부장제의 권위에 '대한' 의견이므로 '자신이 본 그대로'의 이야기는 아닙니다. 순응하든, 반박하든 어느 쪽이 되었든 중요하지 않다고 버지니아 울프는 말합니다. 그런 비판에 아랑곳하지 않고 자신이 본 그대로를 써야 한다고 말하지요. 당시에 소설을 썼던 수천 명의 여성들 중에 그 일을 해낸 것은 두 명의 소설가에 불과합니다. 쉬운 일이 아니지요.

제인 오스틴의 예를 들어 볼까요. 『오만과 편견』은 시골 마을에서 벌어지는 젊은 남녀의 연애 이야기입니다. 이 소설은 대중적인 인기를 끌었습니다. 하지만 당시 영국은 전쟁과 혁명의 격변기였다고 합니다. 제인 오스틴의 『오만과 편견』은 문학적으로 하찮게 평가되었지요. 전쟁이나 혁명 같은 중요한 문제를 두고 연애 이야기라니 하는 식입니다. 하지만 제인 오스틴의 작품에는 그런 사회적 분위기나 평론가들의 목소리에 위축당한 흔적이 없었다는 겁니다. 그래서 『오만과 편견』은 흠집 없이 훌륭한 작품이 될 수 있었던 거지요.

정신적인 시련 외에도 19세기의 소설가들이 겪은 가장 큰 어려움은 그들이 보고 배울 만한 지적 전통이 전혀 없다는 것입니다. "펜을 종이에 대자마자 알게 되었을 첫 번째 사실은 그녀가 사용할 수 있도록 마련된 공동의 문장이 없다."는 거지요. 남성들은 당시에 유통되던 문장을 기반으로 삼아 자신의 색깔을 띤 문장을 쓸 수 있었지만, 여성들은 보고 배울 만한 공동의 자산이 없었습니다. 샬롯 브론테나 조지 엘리엇은 자신에게 적합하지 않은 남성의 문장으로 훈련했기 때문에 자신의 재능을 온전히 드러낼 수 없었습니다.

주디스가 다시 태어났을 때

19세기 여성의 글쓰기는 소설에만 한정되어 있었지요. 20세기가 되면 여성은 다양한 분야의 글을 쓰기 시작합니다. 이제는 시나 비평, 희곡도 쓰고 소수의 여성이지만 고고학, 미학, 철학, 역사, 여행, 경제에 관한 책도 쓰게 됩니다. 이런 책을 쓸 수 있었던 것은 물질적 조건이 가능해졌기 때문이겠지요. 앞에서 20세기에 와서 여성이 대학 교육을 받고, 돈을 벌 수 있는 기회를 얻었다는 말을 기억하기 바랍니다. 이제 여성은 더 이상 집 안에만 있는 것이 아니라 거리를 쏘다니고 여행도 할 수 있게 되었겠지요.

버지니아 울프는 강연의 마지막에 여학생들을 향해 이렇게 말합니다. 100년 뒤에 셰익스피어의 누이동생이었던 주디스가 다시 태어났을 때 그녀가 살아갈 수 있게 하라고 말입니다. 그런 노력과 준비 작

버지니아 울프와 리턴 스트레이치 블룸즈
버리 그룹의 구성원인 리턴 스트레이치와
1923년에 찍은 사진. 블룸즈버리 그룹은
케임브리지에 다니던 오빠 토비와 그의 친
구들, 언니 바네사, 버지니아 울프로 이루
어진 예술가 집단이었다. 지식인, 화가, 경
제학자, 작가 등 다양한 분야의 구성원이
있었다. 버지니아 울프는 이들과 자유롭게
교류하며 토론했다.

업 없이 그녀가 출현하는 것은 불가능하다고. 비록 가난한 무명의 처
지라도 그녀의 출현을 위해 일하는 것은 가치 있는 일이라고 격려하
지요. 만약 여성이 돈과 자기만의 방을 가진다면, 자신이 스스로 생
각한 것을 정확하게 표현하는 용기와 자유를 가진다면, 100년 뒤에는
셰익스피어와 같은 여성 작가가 출현할 거라고 했습니다.

　버지니아 울프가 그 말을 한 지 아직 100년이 채 되지 않았습니다.
지금 우리 사회는 어떨까요? 여러분은 여성이 돈과 자기만의 방을 가
질 수 있는 시대가 되었다고 생각하나요? 여성은 대학을 다니고 돈을
벌 수 있게 되었습니다. 전문직에 진출할 수도 있고요. 그러나 아직

버지니아 울프의 작업실 버지니아 울프는 자신의 집 정원 한 귀퉁이에 작은 오두막을 짓고 그곳에서 글을 썼다.

여성과 남성이 사회적으로 동등한 세력과 영향력을 갖고 있지는 않지요. 여성은 남성 평균 임금의 70% 수준만을 받고 있습니다. 남성보다 비정규직이 더 많고요. 또 여성이라는 이유로 승진에서 차별을 받거나 해고를 당하는 경우도 많습니다. 우리 시대에도 문제는 아직 남아 있습니다.

내가 여러분에게 돈을 벌고 자기만의 방을 가지기를 권할 때, 나는 여러분이 리얼리티에 직면하여 활기 넘치는 삶을 영위하라고 조언하는 겁니다.

◉

훌륭한 저녁 식사는 훌륭한 대화를 나누는 데

대단히 중요한 요인이지요.

저녁 식사를 잘 하지 못하면

사색을 잘할 수 없고 사랑도 잘할 수 없으며

잠도 잘 오지 않습니다.

쇠고기와 프룬을 먹고는 등뼈의 램프에

불이 켜지지 않습니다.

◉

자기는
자신의 것이 아니다

세네카 · 『인생이 왜 짧은가』

강민혁

자기란 무엇인가?

혹시 '자기는 자신의 것이 아니다'
라는 글 제목을 보고 놀란 사람이 있을지 모르겠습니다. 누군가는 뚱
딴지같이 그게 무슨 소리냐고 비웃을 것도 같습니다. 자기가 자신의
것이 아니라면 도대체 누구의 것일까요? 아니, 과연 그럴 수 있기는
한 것일까요? 설사 그렇더라도 자신의 것이 아닌데 어떻게 해서 자기
가 되었을까요? 정말 알쏭달쏭합니다.

사실 '자기'라는 말을 곰곰이 들여다보면 좀 난감해집니다. 과연
'자기'란 무엇일까요? 그래서 저도 생각해 보았습니다. 우선 제 몸은
의심할 여지없이 자기일 거란 생각이 듭니다. 물론 제 생각, 제 감정
들도 놓칠 수 없겠지요. 생각과 감정이 없는 나란 상상하기 힘들 테
니 말이죠. 그렇다면 생각과 감정을 담고 있는 정신이야말로 자기라

고 해야 할 것 같아요.

그럼 이런 것은 어떨까요? 제 체취가 묻어난 잠바며 바지도 자기라고 해야 하지 않을까요? 제 아들 녀석은 제 와이셔츠에 묻어난 냄새로 단번에 "아빠다!"라고 외치거든요. 아이는 잠들 때 제가 조금만 떨어져도 바로 알아챈답니다. 또 제가 쓴 글, 제가 뱉어 놓은 말은 저라고 할 수 있을까요? 제가 써서 보낸 이메일, 제 목소리가 녹음된 파일을 보거나 들을 때 사람들은 마치 저를 대하듯 하지요. 그러고 보면 어린 시절 사진, 페이스북에 올린 글과 동영상 등등 사금파리처럼 내가 세상에 수없이 흩어져 있는 것 같습니다. 이렇듯 '자기'는 생각하면 할수록 골치 아픈 말입니다. '자기'라는 말만으로도 골치 아픈데, "자기는 자신의 것이 아니다."란 문장은 더 뜬금없게 느껴지겠지요.

이 말은 고대 로마의 철학자 세네카(Lucius Annaeus Seneca, 기원전 4?~기원후65)가 자신의 절친한 친구인 세레누스에게 보낸 글에 나오는 말입니다. 서른 후반에 재정관에 임명된 세네카는 웅변가와 문필가로 대단한 명성을 날리고 있었습니다. 나중에는 집정관(consul)이라는 지위에 올라서기도 합니다. 그러니까 요즘으로 치면 총리쯤 되는 직위에 올랐던 사람입니다.

조금만 상상해 봐도 그리 쉽사리 이루어질 일은 아니지요. 더군다나 황제 곁에서 일한다는 것은 다른 누구보다 현세적이지 않으면 불가능한 일이에요. 궁정 사회라는 곳이 원래 경쟁이 치열할 뿐 아니

라, 다른 사람들과 다투어야 할 일도 수없이 많지요. 더군다나 포악
하기로 둘째가라면 서러워할 네로 황제 시절이었습니다. 모두가 자
기 목숨을 지키기 위해서 암투가 끊이질 않던 시대였지요. 다시 말하
면 세네카는 자기 자신을 내세우고. 자기 자신을 챙기지 않고서는 도
저히 살 수 없는 환경으로 둘러싸여 있었습니다. 그런데 이런 사람이
자기는 자신의 것이 아니라고 했다니 흥미롭지 않으세요?

「네로와 세네카」 세네카는 네로의 스승으로도 유명하다.
네로(37~68)는 로마제국의 제5대 황제로, 초기에는 백
성을 위한 정치를 했으나 차츰 잔인해져 폭군의 상징처
럼 불린다. 에두아르도 바론의 1940년 작품.

사실 현세적인 태도라면 세네카의 가문도 사정이 다르지 않았습니다. 세네카는 당시 로마의 속주(이탈리아 반도 이외 로마의 영토)였던 히스파니아(지금의 스페인)에서 태어났습니다. 세네카의 가문은 로마 사회에서 아주 유력한 집안이었지요. 아버지 세네카(아들 세네카와 구별하기 위해서 '대세네카'라고 부릅니다)는 당시에 변론술로 꽤 유명해서, 그걸로 재산을 모은 사람이었습니다. 오늘날로 치면 사회적으로 성공한 변호사라고 할 수 있어요. 그래서인지 아버지는 굉장히 보수적이고 현실적인 사람이지요.

  세네카의 친척들도 굉장한 사람들이었습니다. 특히 이모부는 로마의 속주였던 이집트 총독까지 지낸 사람이었어요. 당시에는 로마에서 집정관 임기가 끝나면 속주로 가서 총독으로 부임했다고 하니, 대단한 권세를 가진 집안이었죠. 세네카는 훗날 어머니 헬비아에게 보낸 편지에서 자신이 아직 갓난아이 때 이모 팔에 안겨 코르도바(지금의 스페인 남부)에서 로마로 오게 되었다고 전합니다. 건강이 좋지 않았던 세네카는 이집트에서 요양을 했을 정도로 이모와는 훗날까지도 각별했다고 하네요.

  그러니 어떻겠어요? 당연히 세네카의 주변 사람들은 사회적 성공을 매우 중요한 가치로 여기고 있었을 겁니다. 아버지인 대세네카도 가문의 성공을 이어 가도록 아들에게 변론술을 가르쳤답니다. 아들도 자신처럼 변론술로 사회적인 기반을 닦고 재산을 모으기 바랐던 거지요.

그러나 세네카는 좀 달랐습니다. 세네카가 보기에 변론가는 기껏 해야 논쟁을 잘하는 사람에 불과했지요. 세네카는 아버지의 기대와 달리 철학에 몰두합니다. 아버지는 아들 세네카가 철학에 관심을 갖는 것을 보고 얼굴을 찌푸렸다고 해요. 세네카는 그런 아버지를 싫어했습니다. 훗날 아버지가 세상을 떠난 뒤에야 두려움 없이 철학 공부에 몰두하게 되었다고 생각할 정도였어요.

사실 아버지 대세네카는 그리스에서 들어온 철학을 혐오했던 인물이었습니다. 현실적인 해결책은 없고 공허한 논쟁만 거듭하는 철학이 못마땅했던 거죠. 당시 로마인들도 같은 이유로 그리스 철학을 배척하곤 했습니다. 이와 관련해서 우스꽝스러운 에피소드가 전해집니다. 기원전 93년 아테네에 들른 로마의 장군 겔리우스 푸블리콜라가 아테네 여러 학파들을 모아 놓고서 '최고선'이 무엇인지 지금 당장 끝장 보라고 호통을 쳤다는군요. 이 어이없는 모습은 현실적이지 못한 아테네 철학에 대한 비웃음이기도 했습니다. 대세네카도 이런 흐름에서 벗어나지 못한 사람이었지요.

이런 주변 환경을 생각해 보면 세네카의 "자기는 자신의 것이 아니다."라는 말은 그야말로 반시대적인 생각이라고 할 수 있습니다. 가족도, 일도, 국가도 모두 현세적인 것으로 둘러싸인 곳에서 아주 다른 '자기', 즉 현세적이지 않은 '자기'를 생각한 것이지요. 이렇게 그를 둘러싼 환경을 살펴보면 세네카의 철학이 더욱 흥미롭지 않을 수 없네요. 자신의 성공을 최고의 가치로 삼는 사람들 틈에서 자기가 자

스토아 아테네에 있는 아탈로스의 스토아이다. 고대 그리스의 도시에는 아고라로 불리는 광장이 있었으며, 그곳에 신전, 회의소 등과 나란히 스토아가 있었다. 시민들은 스토아의 그늘에서 대화를 나누고 철학과 정치를 토론했다.

신의 것이 아니라고 말하는 철학이니까요.

　철학사에서 세네카의 철학은 스토아학파에 속합니다. '스토아stoa'란 신전이나 체육관(김나시온, Gymnasion) 벽에 붙여서 지은 지붕 달린 주랑(柱廊, 기둥만 있고 벽이 없는 복도)을 말하는데, 주로 산책하고 대화하던 곳이었습니다. 스토아학파의 주창자로 알려진 제논Zēnōn과 그의 제자들이 학교 부지를 살 돈이 없다 보니, 주로 스토아에서 만나 토론을 했다고 해서 '스토아학파'라고 불렸다고 하지요. 스승과 제자들이 흰 히마티온(himation, 고대인들이 몸에 감은 겉옷)을 휘감고 기둥 사이를 거닐며 토론하는 모습을 상상하면서, 세네카가 알쏭달쏭한, 그렇지만 흥미진진한 이 '자기'를 어떻게 생각했는지 따라가 보도록 해요.

자기 자신에게로
돌아가라

여러분은 하루 중 얼마나 자기 자신에 대해 생각하고 있나요? 저도 하루 일과를 곰곰이 생각해 보았습니다.

이른 아침에 일어나 세수하고 양복을 걸쳐 입습니다. 출근 시간에 늦지 않도록 버스 정거장으로, 지하철역으로 달려갑니다. 지하철 안에서는 한 시간이 넘도록 스마트폰으로 시장 정보나 뉴스를 검색하며 시간을 보냅니다. 출근 후에는 온종일 보고서, 회의, 거래 등등을 처리하느라 정신이 없습니다. 가끔 SNS나 뉴스에서 남들 이야기를 접하며 잠시 쉬기도 하지요. 그러나 오늘도 내일 보고해야 할 문서를 작성하느라 퇴근 시간을 넘기고 맙니다. 겨우 집에 돌아와서도 밥 먹고 텔레비전 앞에 앉으면 금세 졸기 시작하지요. 세네카 말대로 "정작 가장 만나 보기 어려운 것은 다름 아닌 자기 자신"(「마음의 평정에 관하여」)인 것 같습니다. 불행하게도 하루 중 제 자신을 생각하는 시간은 도통 없군요.

어찌된 일인지 저는 자기 아닌 무엇인가에 휘둘려 사는 것 같습니다. 그러니까 다른 사람의 생각이나 요구 사항에 맞추어 사는 것 같다는 말입니다. 지금 하는 일들이 내 일인 것 같지만 그 일들을 곰곰이 관찰해 보면 이상하게도 내 일이 아닌 경우가 대부분입니다. 잘 생각해 보면 회사 일은 회사의 것이지요. 저는 회사 일을 해 주고 그 대가를 받을 뿐이에요. 심지어 쉬면서 가끔 쳐다보는 SNS 소식이나 뉴스도 남의 일들입니다.

그러고 보면 저만 그런 것 같지는 않습니다. 많은 사람들이 자기 이외의 것을 위해 자신의 시간과 노력을 소모하고 있지요. 여기저기 내 일이 아닌 것들만 거들어 주다가 하루가 다 갑니다. 지친 몸을 이끌고 집으로 돌아와서 왜 이리 사냐고 푸념하다가도, 자고 일어나면 어제의 푸념을 잊어버리고 똑같은 길을 다시 돌아다닙니다. 그만 부끄럽고 창피해서 도로 돌아가 내 발자취를 지워 버리고 싶을 정도죠. 마치 한 편의 코미디 같기도 하고요.

세네카가 살던 로마 사회도 크게 다르지 않았다고 합니다. 세네카도 말합니다. "자신을 위해 자신을 요구하는 사람은 아무도 없고, 모두 남을 위해 자신을 소모하고 있지요. 어디, 사람들이 그 이름을 외우고 있는 유명 인사들을 한번 살펴보시오. 그대는 그들 모두 갑甲은을乙을 섬기고 을은 병丙을 섬기되, 자신을 섬기는 사람은 아무도 없다는 것을 알게 될 것이오."(「인생의 짧음에 관하여」)

로마 사회는 귀족들이 서로 시민들의 지지를 얻으려 인기 쟁탈전을 벌이는 하나의 극장 같았지요. 오늘날과 다름없이 철저한 경쟁 사회였어요. 물론 도시 빈민층이나 노예, 여성들에게 해당되는 것은 아니지만 말입니다. 그러나 귀족들은 부와 권력을 차지하려고 추한 경쟁을 끊임없이 펼칩니다. 인기를 얻으려고 이리저리 돌아다니는 사람이 한둘이 아니었다고 하지요.

세네카가 이런 모습을 두고 익살스럽게 이야기합니다. "숲 속을 기어 다니다가 나무줄기를 타고 정처 없이 우듬지(나무의 맨 꼭대기 줄기)로 올라갔다가 도로 맨 아래로 내려오는 개미 떼와도 같네그려."(「마음의 평정에 관하여」) 세네카는 이를 두고 '분주한 게으름'이라고 불렀습니다. 뭐가 바쁜지 우듬지로 열심히 올라갔다가 다시 맨 아래로 내려와 결국 자기 자신을 위해서 한 것은 아무것도 없게 되죠. 분주하게 움직이지만 결국 게으른 사람들과 다를 바 없습니다.

우리는 왜 이런 한심한 행동을 할까요? 그 이유는 자기 마음속에 파묻혀 있는 욕망을 잘 관찰하면 쉽게 발견할 수 있습니다. 우리는 평소에 자기가 부러워하는 사람처럼 되려고 합니다. 의사, 변호사, 교수같이 사회에서 명망 있는 사람이 되기를 바라죠. 그게 아니더라도 돈 많은 사람이 되기를 바라거나, 그것도 힘들면 월급을 꼬박꼬박 받을 수 있는 직장인이 되기를 바라지요. 아무튼 뭔가 부러운 사람을 상상하며 자기도 그런 사람이 되기를 바라죠. 그런 사람이 되면 자기 자신도 행복해질 거라고 여긴답니다.

그러나 곰곰이 생각해 보세요. 의사나 변호사, 아니면 월급을 꼬박꼬박 받는 직장인이 된다 한들 과연 우리가 행복해질까요? 혹시 우리는 그 사람들의 모습을 보고 그저 행복한 것처럼 느끼는 게 아닐까요? 그러니까 드라마나 뉴스에서 활약하는 주인공의 모습을 보면서 나도 그런 사람이 되면 행복해질 거라고 무턱대고 생각하는 것 같다는 말입니다.

그런데도 우리는 덮어놓고 사회적으로 성공한 사람을 추종합니다. 좀 지나면 그런 사람처럼 되고 싶은 욕망으로 가득하게 됩니다. 시간이 지나면 그런 욕망은 점점 강해집니다. 어느덧 왜 이런 욕망을 갖게 되었는지 고민하지 않지요. 처음에는 내 욕망이 아니었던 것이 나도 모르게 내 욕망으로 둔갑합니다. 그래서 남들이 원하는 대로 노예처럼 자기를 열심히 움직입니다. 마치 자신의 행복을 가져다주기라도 할 것처럼 착각하면서 말이죠. 가상의 행복 때문에 다른 사람에게 예속되어 버린 꼴입니다.

그렇다면 이제 어떻게 해야 할까요? 세네카의 이야기를 들어 보시죠.

우리의 마음은 모든 외적인 것에서 벗어나 자신에게 집중해야 하네. 우리의 마음은 자신을 신뢰하고, 자신을 좋아하고, 자기

것을 존중하고, 남의 것을 되도록 멀리하고, 자신에게 헌신적이어야 하네. 또한 우리의 마음은 피해를 심각하게 느끼지 않고 역경을 선의로 해석해야 하네.　　　　　　—「마음의 평정에 관하여」

당연히 다른 사람의 욕망으로부터 비롯된 예속에서 벗어나야 합니다. 그러려면 무엇보다 자기 자신을 신뢰하고, 좋아하고, 존중해야 합니다. 그러지 않고서는 다른 사람의 욕망에 또 끌려다니게 되겠지요. 이어서 자신을 믿고, 존중하기 위해서 세네카는 "피해를 심각하게 느끼지 않고, 역경을 선의로 해석"하라고 합니다. 이건 또 무슨 말일까요? 세네카의 또 다른 이야기를 들어 보세요.

문제는 어떻게 해야만 마음이 늘 균일하고 유리한 길을 갈 수 있으며, 자기 자신에게 만족하고 자신의 상태를 즐겁게 바라보되 이러한 즐거움을 중단시키지 않을 것이며, 들뜨지도 의기소침해지지도 않고 차분한 상태에 머물 것이냐 하는 것이겠지. 마음의 평정이란 바로 그런 것일 테니까.　　　　—「마음의 평정에 관하여」

세네카는 다른 사람의 욕망에서 벗어나 자기 자신에게로 돌아가야 한다고 주장합니다. 그리스-로마 철학자들은 이를 두고 '자기 배려'(자기 자신을 돌보기, cura sui)라고 불렀습니다. 세네카는 자기 배려가 자기를 좋아하고, 존중하며, 헌신하는 것이라고 설명합니다. 그러려

「헬리오가발루스의 장미」 앨머 태디마의 1888년 작품으로 로마제국의 제23대 황제 헬리오가발루스를 소재로 했다. 화려하고 아름다워 보이지만, 사실 저 장미꽃잎에 묻힌 사람들은 질식해 가고 있다.

면 우리는 남들로부터 듣는 비웃음, 비난, 시비 들을 심각하게 느끼지 말아야 합니다. 오히려 세네카는 우리에게 찾아온 그 어려움들을 좋은 의미로 해석하라고 하지요.

　그렇다면 어떤 사건이 발생하여도 균일한 마음을 가질 수 있는 것이 관건입니다. 자기 자신에게만 만족하고 자신의 상태를 즐겁게 바라보는 것, 그리고 그런 즐거움이 중단되지 않고 계속 이어지는 것이야말로 마음의 평정입니다. 예컨대 남들이 되고 싶어 하는 사람을 부러워하기보다, 남들은 관심이 없어도 내가 진정 원하는 사람이 되려고 행하는 모험들을 즐겁게 여깁니다. 혹시 모험이 힘들어도 자기가 원하는 것이기에 역경을 넘어 곧 즐거움을 찾을 수 있지요. 따라서 자기로 되돌아간다는 말은 오직 자기 자신에게 희열과 만족을 느끼는 것입니다. 그게 곧 마음의 평정입니다.

그러나 그리 쉬운 일은 아니지요. 앞에서도 말했지만 우리는 헛된 욕망으로 둘러싸여 있습니다. 간장에 절인 달걀처럼 헛된 욕망에 절어 있습니다. 그 욕망의 포로가 되어 이리저리 이끌려 다니죠. 어쩌면 유명한 사람들의 겉모습을 추종하게 되는 것도 맛있는 음식, 재미있는 게임에 끌리는 것과 그리 다르지 않을지 모릅니다. 맛있는 음식이 있으면 그 맛으로 행복해질 거라 착각하여 폭식을 하게 되고, 재미있는 게임이 있으면 그 재미로 행복해질 거라 착각하여 정신없이 키보드를 두드리죠. 그러다 보면 어느덧 자기 자신은 어디론가 사라지고 볼록해진 배와 희뿌연 모니터만 남고 말지요. 이와 똑같이 우리도 멋져 보이는 사람이 되려고 했는지 모릅니다. 결국 신기루처럼 사라져 버릴 그런 것에 온통 시간을 집중한 꼴입니다. 이상한 말처럼 들리겠지만, 나는 나를 위해 살지 않은 것입니다.

물론 그러다가도 마음잡고 평정해지는 잠깐의 순간이 생기기도 합니다. 한적한 곳에서 약간의 명상을 하거나, 어디선가 좋은 글귀를 보고 마음이 잠시 편안해지는 때가 있지요. 그러나 워낙 습관이 잘못되어서, 다시 욕망에 내동댕이쳐집니다. 세네카가 말합니다. "그래서 인간은 결코 자기 자신에게로 되돌아갈 수 없는 것이지요. 간혹 우연히 평정이 찾아온다 하더라도 마치 폭풍이 그친 뒤에도 너울이 이는 바다에 또 있는 것처럼 인간은 이리저리 내동댕이쳐지니 욕망으로부터 결코 자유로울 수가 없지요."(「인생의 짧음에 관하여」)

이렇게 바라보면 참 난감합니다. 도대체 어떻게 하면 헛된 욕망의 포로에서 벗어날 수 있을까요? 세네카의 말을 더 들어 보도록 합시다.

자기 자신을 치료하다

세레누스라는 세네카의 절친한 친구가 있습니다. 세네카는 친구나 어머니같이 주변 사람들과 글을 많이 주고받았습니다. 친구 루킬리우스와는 124통이나 되는 편지를 주고받기도 하지요. 세레누스는 세네카와 같은 성을 쓰는 먼 친척이기도 했어요. 그런데 이 친구가 세네카에게 절절한 편지를 보냅니다.

"부탁인데 마음의 동요를 멈추게 해 줄 치료제가 자네에게 있다면 내가 자네 덕분에 마음의 평정을 찾을 자격이 있다고 생각해 주게나. 나는 폭풍이 아니라 뱃멀미에 시달리고 있네. 그러니 자네는 이 병이 어떤 것이든 거기서 나를 구해 주고, 눈앞에 육지를 보면서도 괴로워하고 있는 나를 도와주게나!"(「마음의 평정에 관하여」)

세레누스는 자기 영혼 상태를 묘사하고, 조언과 진단을 부탁합니다. 세네카에게 자기 영혼의 의사가 되어 주기를 바라는 내용이지요. 그리고 보니 우리와 똑같은 고민이에요. 곁에 세네카가 있었더라면 우리도 이런 질문을 하지 않았을까요? 사실 스토아주의자들에게 이런 모습은 흔했답니다. 그들은 영혼을 치료하는 것이 곧 철학이라고 생각했어요. 그들에게 철학자란 영혼의 의사였습니다. 스승과 제자가 주랑을 거닐며 나눈 철학적 대화란 바로 이런 치법(治法, 병을 다스리는 방법)의 전수이거나 치료의 과정이라고 할 수 있죠.

그럼 세네카는 어떤 의술로 영혼을 치료했을까요? 우선 세네카는 병의 원인부터 찾아 나섰습니다. 세네카는 또 다른 친구인 루킬리우스에게 이렇게 말한 바 있습니다. "우리의 악은 밖에 있는 것이 아니라 우리 안에 있으며 바로 우리 폐부 속에 앉아 있네. 그리고 건강한 상태에 이르기가 어려운 까닭은, 자기 자신이 병에 걸렸다는 것을 모른다는 데 있다네."(「도덕 서한집」) 마음의 동요는 몸의 병과 다름없습니다. 이 병을 일으키는 원인을 세네카는 '악'이라고 부릅니다. 놀랍게도 이 악은 밖이 아니라 내부에 있습니다. 그런데 이 병은 교묘하게도 자신이 병에 걸렸다는 것을 모르게 하는 병입니다. 다시 말하면 자기가 아프다는 것조차 모르는 병입니다.

루킬리우스여, 이것은 대체 무엇일까? 지향하는 곳과는 다른 곳으로 우리를 끌고 가서, 들어가고 싶지 않은 곳으로 밀어 넣는 이것은? 무엇이 우리의 영혼과 싸우며, 우리에게 한 번도 원하는 것을 허락하지 않는 것일까? 우리는 이것저것 다양한 계획을 세우지. 어느 것 하나도 자유로운 욕망, 절대적인 욕망, 언제나 변함없는 욕망을 가지고 있지 않네. 스툴티티아Stultitia란 변하지 않는 것이라곤 아무것도 없고, 오래도록 마음에 드는 것이라곤 아무것도 없는 것이다. ─「도덕 서한집」

우리는 이것저것 거창한 계획을 세우고, 쉬지 않고 결심만 합니다. 실제로는 무엇을 하고 싶은지 아무 결정도 내리지 못하고, 무엇을 해도 만족하지 못하는 상태에 있으면서 말이죠. 우리는 모든 면에서 우유부단합니다. 우리는 자신이 원하는 것을 욕망할 때조차도 자유롭게 욕망할 줄 모릅니다. 맛있는 것, 재미있는 것이 나타나면 원하는 것이 마구 바뀝니다. 보기에 그럴듯한 사람이 나타나면 자기가 커서 되고 싶은 사람도 자꾸 바뀝니다. 꽃잎 선풍기 날개처럼 윙윙 돌아가기만 합니다. 이걸 할까, 저걸 할까 생각만 하거나, 이걸 해 보았다가, 저걸 해 보았다가 하면서 왔다 갔다만 하지요. 이런 상태를 '스툴티티아(Stultitia, 우매함)'라고 합니다. 그리고 그런 상태에 있는 사람을 '스툴투스Stultus'라고 하지요.

그런데 세네카는 좀 더 끔찍한 말을 이어 갑니다. "그들은 끊임없이 생활 방식을 바꾸다가 결국 어떤 생활 방식에 머물게 되는데, 그것은 그들이 더 이상 바꾸는 것을 싫어해서가 아니라 변화를 싫어하는 노년에 들었기 때문이네."(「마음의 평정에 관하여」) 정말 기가 막힌 이야기입니다. 이리저리 헛된 욕망에 이끌려서 어디에도 정착하지 못하다가, 이제 변화를 싫어하는 상태에 들어서자, 무기력해져서 어떤 고정된 습관에 머물러 버립니다. 끊임없이 생활 방식을 바꾸며, 이리저리 쫓아다니다가 피곤해진 것이죠. 그 피로 때문에 자포자기하는 심정으로 어떤 생활 습관에 고정되어 버립니다.

세네카는 이를 불면증에 걸린 사람이 이리 누웠다 저리 누웠다 하다가 결국 지쳐서 아무렇게나 쉬게 되는 것에 비유합니다. 그것은 원하는 대로 사는 것이 아닙니다. 남들이 만들어 놓은 욕망에 스스로 갇혀 버린 꼴이지요. 스툴티티아는 끝내 우리를 고집스러운 통념과 어두운 습관 속에 안주하도록 만듭니다. 정신병원에 있는 병자들만 병에 걸린 게 아닙니다.

우리야말로 이런 점에서 건강하지 못한 자들입니다. 애써 그것을 숨기고 있을 뿐이지요. 이게 세네카가 진단하는 우리 영혼의 증상입니다.

병의 원인과 증상이 있으면 치료법이 있어야 할 것입니다. 세네카의 치료는 마음으로부터 출발합니다. 스툴투스는 외부로부터 마음으로 쏟아지는 표상들을 내버려 둔 채 전혀 다룰 줄 모르는 사람이라고 할 수 있지요. 여기서 '표상'(表象, representation)이란 무언가를 생각할 때 마음속에 떠오른 모습을 말합니다. '사과' 하고 말하면 머리에 떠오르는 빨간 사과의 모습이 표상입니다. 또 장래의 꿈이 뭐냐는 질문에 떠오르는 그럴듯한 사람들의 모습도 표상이지요. 대개 드라마나 뉴스에서 보던 사람들 혹은 주변에 아는 형, 언니를 떠올리죠.

하지만 그 모습은 만들어진 모습일 가능성이 큽니다. 드라마 작가의 솜씨 좋은 이야기와 PD의 화려한 연출이 우리의 행복감을 불러일으킬 뿐이지요. 이런 상황에서 만일 떠오르는 표상을 아무 판단 없이 받아들이면 가상의 모습을 추종하는 꼴이 됩니다. 자기가 진정으로 바라는 그런 사람인지 아닌지도 모른 채 덮어놓고 따르게 되는 거죠. 남들이 만들어 놓은 표상에 자기 자신을 방치하게 되는 것입니다. 바로 그것이 세네카가 말하는 '악'입니다.

세네카는 이 병을 치료하려면 표상을 다룰 줄 알아야 한다고 말합니다. 표상들을 지켜보면서 이것이 내가 진짜 원하는 것인가, 아니면 남들이 만들어 놓은 것을 무턱대고 좇아가는 것인가를 따져 보는 것입니다. 만일 변호사가 되고 싶은 생각이 들면, 어떤 일을 하는 사람인지 알고서 원하는가라고 자신에게 묻고 또 물어야 합니다. 엄마가 원하거나, 다른 사람들이 좋아해서 변호사가 되기를 원한다면 거짓이 되죠. 말이 말총 꼬리를 흔들어 파리를 쫓아 버리듯, 우리도 헛된 표상들을 걷어 버려야 합니다. 자기 자신을 허상에 내맡기지 않도록 자기 자신을 진실하게 지켜보아야 합니다. 결국 자기로 돌아간다는 말은 자기가 진정 원하는 것을 알고, 그것을 바라는 것입니다. 어떤 사소한 방해에도 흔들리지 않고서 말입니다.

기억하시나요? 자기 자신으로 돌아가라고 했을 때 무엇보다 중요한 것은 역경을 선의로 해석해야 한다는 세네카의 말. 자기 자신이 진정 원하는 것을 분명히 알면, 이를 방해하는 어떤 어려움이 발생해도 모두 좋은 일로 해석하는 힘이 생길 겁니다. 세네카는 이 힘이 "이미 일어나 버린 일은 무엇이든 마치 일어나기를 원하고 있었던 것처럼 견디는 힘"(「자연의 의문들」)이라고 합니다. 예를 들면 첫 시험에서 실수로 쉬운 문제를 틀렸습니다. 그럼 이렇게 생각하는 겁니다. "다음 시험부터 절대 실수하지 않도록, 이 실수를 간절히 원했다. 실수야, 너 덕분에 나의 마음을 가다듬을 수 있게 되어 정말 고맙구나. 실수야 잘 왔다!" 실수를 자책하기보다 실수라는 사건과 적극적으로 마주하여 오히려 긍정적인 사건으로 만들어 냅니다. 실수를 딛고 미래로 가는 겁니다.

이렇게 되면 어떤 방해에도 무너지지 않고, 자기가 원하는 것을 간절히 바라고, 흔들리지 않고 계속 실천하게 될 것입니다. 진정으로 간절한 욕망은 사소한 유혹에 쉽게 넘어가지 않을 것이며, 어떤 역경에도 쉽게 포기하지 않을 것이니까요. 따라서 표상을 잘 다루는 기술은 자신의 간절한 욕망을 알아내고, 그것을 절대적으로 원하도록 하는 방법입니다. 즉, 어떤 경우에도 흔들리지 않고 원하는 것입니다. 결국 헛된 표상과의 싸움을 통해서 자기 자신의 변화를 이끌어 내는 것입니다. 그것은 스툴투스에서 벗어나서 새로운 자기로 변화하는 것이죠. 세네카가 세레누스에게 요청한 것은 바로 이것입니다. 너 자신을 변화시켜라!

프랑스 철학자 미셀 푸코는 이 부분에 주목했습니다. 그는 세네카가 말한 변화를 "단 한 번도 그렇게 되어 본 적 없는 자기 본래 상태의 회복"(『주체의 해석학』)이라는 멋진 말로 소개했습니다. 처음부터 오류가 없는 깨끗한 영혼은 있을 수 없습니다. 그래서 언제나 우리는 '단 한 번도 되어 본 적 없는 자기'가 되기 위해서 자기를 치료해야 합니다. 자기 자신으로 돌아간다는 말은 자기 자신을 치료하는 것과 같습니다. 자기 자신에게 만족하고 희열을 느낀다는 말은 치료를 통해 본래적인 자기로 회복되면서 영혼이 건강해진다는 말입니다. 그래서 자기 배려는 병을 고치는 것과도 같다고 할 수 있지요. 자기 배려는 자기 자신을 변화시키는 것입니다.

자기는 자기의 것이 아니다

　　　　　　　　　　세네카는 여기에 머무르지 않습니
다. 의사 세네카는 놀라운 반전을 시도합니다. 세네카는 자기 배려를
위해서 자기 자신이 자유로워져야 한다고 말합니다. 그리고 그 자유
는 예속 상태로부터 벗어나는 것입니다. 물론 나쁜 영혼을 교정하면
당연히 자유로워집니다. 또 헛된 욕망에 예속되지도 않겠지요.
　　그런데 세네카는 이 지점에서 좀 이상한 이야기로 비틉니다.

　　자기의 노예라는 것에서 벗어난 자는 자유롭다네. 이 집요하고
　　벗어나기 힘든 노예 상태는 중단도 휴식도 없이 낮과 밤을 가리
　　지 않고 덮쳐 오네. 자신의 노예가 되는 것은 가장 가혹한 노예
　　상태이지.　　　　　　　　　　　　　　　　　　　　―「자연의 의문들」

또 이런 말도 합니다.

마음은 자신의 지배를 받는 한 숭고한 것에, 가파른 정상에 있는
것에 이를 수 없네. 마음은 익숙한 주로에서 벗어나 달리되 고삐
를 물고 자신의 마부를 혼자서는 감히 오를 엄두도 못 내던 높은
곳으로 휩쓸려 가야 하네.　　　　　　　━「마음의 평정에 관하여」

앞에서는 자신을 신뢰하고, 자신을 좋아하고, 자신의 것을 존중하
고, 자신에게 헌신하라고 했던 세네카였습니다. 자기 자신을 신줏단
지 모시듯 했었지요. 그래서 자기 자신으로 돌아가야 한다고 수도 없
이 강조했고요. 그런데 여기서는 거꾸로 자기 자신으로부터 벗어나
야 한다고 말합니다. 더군다나 자신의 지배를 받는 한 정상에 이르지
못할 것이라고까지 경고합니다. 이야기가 여기에 이르면 세네카가
뭔가 잘못 말하고 있는 건 아닐까라는 의심마저 듭니다. 도대체 왜
이런 말을 하고 있을까요?
　세네카가 보기에 인간은 자기 자신에게 책무(책임)를 부과하고 그
책무로부터 이득을 얻으려 합니다. 주변을 둘러보세요. 지금도 세네
카의 말에 고개가 끄덕여집니다. 우리는 직장에 매여 있으면서 봉급
을, 전쟁을 감수하며 영광을, 위태로운 자리를 보존하며 평판을, 건
강을 해치면서 쾌락을 얻으려 하지요. 다시 말하면 우리는 자기 자신
에게 무언가 책무를 지우고, 그 대가로 보상이나 쾌락을 얻어 갑니다

(푸코는 이를 두고 '책무─보상의 체계'라고 불렀습니다).

이런 체계는 지독히 형편없는 자기를 만들고 맙니다. 이익을 얻기 위해서만 행동하는 자기에 자기 자신이 매여 버립니다. 기묘하게도 그런 자기에게서 벗어날 수 없습니다. 결국 세네카가 자기로부터 벗어나야 한다고 할 때, 그 자기는 영광, 평판, 쾌락같이 온갖 이익에 예속된 자기, 책무─보상, 채무─쾌락이라는 사슬에 묶여 있는 자기입니다. 그래서 세네카는 친구에게 "너는 많은 것들로부터 도망쳤지만, 너 자신으로부터는 도주하지 못했다."(「자연의 의문들」)는 뼈아픈 충고를 하기에 이릅니다.

세네카는 이런 노예 상태가 밤낮을 가리지 않고 우리를 덮친다고 말합니다. 더 나아가서 그런 예속을 완전히 벗어나기는 쉽지 않다고도 합니다. 습관 하나 고치기 힘든 우리 현실을 보면 이 말이 잘 와닿습니다. 우리의 예속은 양파 껍질처럼 벗겨도 벗겨도 계속됩니다. 한심한 통념과 습관은 칡넝쿨처럼 끊임없이 이어집니다. 따라서 자기 자신을 돌보려면 언제나 기존의 통념과 습관에 물든 자기에게서 끊임없이 벗어나야 합니다. 그래서 세네카는 말을 몰 때 익숙한 길을 벗어나 달려야 한다고 표현했던 겁니다. 그렇게 해서 감히 가 보지 못한 높은 곳으로 자기 자신을 끌고 가야 합니다. 원래 '가파른 정상'이란 어느 누구도 가 보지 못한 높은 곳을 말하지요. 원래 자주 다니던 길로 가면 절대 갈 수 없는 곳입니다. 그런 곳을 가야만 비로소 위대해질 수 있습니다. 여기에 이르면 우리는 이제 이렇게 말해야 할 것 같습니다. 자기 자신으로 돌아가는 것은 자기 자신으로부터 떠나는 것이다!

　이제 드디어 자기 자신의 것이 아니라던 그 '자기'가 무대 위에 올라왔습니다. 세네카가 자기는 자신의 것이 아니라고 한 것은 아마 자기로 돌아가야 한다고 했을 때의 그 돌아가야 할 '자기'와 양파 껍질 같이 끊임없이 벗겨서 떠나보내야 하는 그 기묘한 '자기'가 다르기 때문입니다. 도대체 이 역설적인 자기들은 무엇일까요? 먼저 세네카의 글을 읽어 보시죠.

　현인은 하인과 재산과 관직뿐만 아니라 자신의 몸과 눈과 손, 그리고 인생을 소중한 것으로 만들어 주는 것, 나아가 자신의 인격까지 무상한 것으로 간주하며 마치 모든 것이 자신에게 대여된 것처럼 살다가 돌려 달라면 불평 없이 모두 기꺼이 돌려줄 각오가 되어 있다네. 그러나 자기가 자신의 것이 아님을 알고 있다고 해서 그는 자신을 가치 없는 존재로 여기지 않으며, 마치 신심이 강한 양심적인 사람이 자기에게 맡겨진 것들을 돌보듯이 자신의 모든 의무를 꼼꼼하고 세심하게 수행한다네.

　　　　　　　　　　　　　　　　　　　　　—「마음의 평정에 관하여」

　좀 차근차근 생각해 봅시다. 하인과 재산과 관직은 분명 자기가 아닙니다. 상속을 받았든, 자기가 직접 벌었든, 자기가 소유하지만, 자기 자체는 아닙니다. 그런데 세네카는 여기서 멈추지 않고, 자신의 몸, 그리고 심지어 자신의 인격까지도 자기가 아니고 빌려 온 것이라고 단언합니다. 놀라운 이야기가 아닐 수 없습니다. 내 몸과 정신이 빌려 온 것이라니요. 그럼 누구에게 빌린 걸까요?

세네카의 말이 맞는다면 '자기'를 빌려 준 자는 원리상 '자기가 아닌 자'여야 할 것입니다. 그렇다면 그것은 불가피하게도 '타자'여야만 한다는 묘한 결론에 이릅니다. 자기는 타자에게서 빌려 온 것입니다. 나에게 나를 빌려 준 자는 타자들입니다. 오직 이런 의미에서만 자기는 자기의 것이 아닐 수 있습니다. 빌려 준 대상은 수없이 다양합니다. 즉 '타자'란 자연 혹은 신일 수 있습니다. 아니면 우리가 살고 있는 공동체의 조상일 수도 있습니다. 그것도 아니라면 우리 주변의 이웃들일 수도 있을 것입니다. 또는 우리를 감싸고 있는 문화라고 말할 수도 있습니다. 아무튼 중요한 것은 우리는 그런 타자들로부터 '나'를 빌려야만 살아갈 수 있다는 점입니다.

자, 우리를 생각해 봅시다. 우리는 어머니의 몸으로부터 태어났습니다. 우리는 전적으로 어머니와 아버지의 몸에서 나왔습니다. 어머니 몸은 할머니 몸에서 태어났습니다. 내 몸은 애초에 조상들로부터 전적으로 상속되어 내려온 것입니다. 그들은 사라졌지만 그들 전체가 나의 몸으로 전달되었습니다. 우리가 매 순간 사용하는 언어는 또 어떨까요? 우리는 아무런 대가를 치르지도 않고 말을 사용합니다. 돈을 주고 책을 사서 보기 이전에 이미 말을 할 수 있었습니다. 자연은 우리에게 말을 물려줍니다.

또 우리가 매일 아침저녁으로 먹는 밥이며 반찬들은 어떤가요? 애초에 그것은 자연이 인간에게 베풀어 준 것입니다. 하물며 등산길에 군락을 이뤄 피어 있는 원추리꽃은 어떤가요? 우리가 피어 달라 하지 않았지만 잡초들 틈에서 스스로 꽃피어 눈부신 주황색 풍경을 우리 감각에 빌려 줍니다. 여름날 그늘 아래에서 터져 나오는 노랫가락은요? 부르려 하지 않아도 노래가 절로 제게 찾아와 흐릅니다. 작곡가도, 나도 모르게 빌리고, 빌려 줍니다. 이렇게 하나하나 생각해 나가면 타자로부터 빌려 오지 않은 것은 단 하나도 없습니다. 언제 누가 빌려 달란 적 없지만, 우리는 그렇게 전적으로 빌린 존재들로 이곳에 있습니다. 우리 자신이 타자인 셈이지요.

그렇다면 이제 기묘한 결론에 도달합니다. 돌봐야 할 자기 자신은 타자입니다. 되돌아갈 자기 자신은 타자입니다. 우리에게 자기는 조상이며, 이웃이며, 자연이며, 신입니다. 다시 말하면 자기는 자기 아닌 것입니다. 따라서 이렇게 됩니다. 자기는 자신의 것이 아닙니다. 우리는 먼 길을 돌아 비로소 그 문제의 제목 "자기는 자신의 것이 아니다."에 도달하였군요.

자기는 자신의 것이 아니라고 생각하면 이제 죽음을 바라보는 시선도 바뀝니다. 죽음이란 타자가 빌려 준 '자기'를 거두어 가는 사태이지요. 따라서 죽음은 타자에게로 되돌아가는 것입니다. 자기가 자신의 것이 아니고 남한테서 몽땅 빌려 온 거라면, 나를 어떻게 대해야 할까요? 어차피 남의 것이니 함부로 쓰다가 버릴까요? 아니면 소

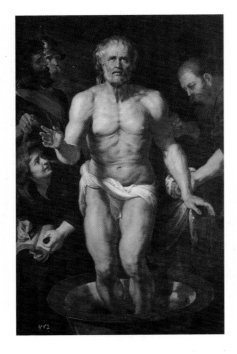

「세네카의 죽음」 세네카는 황제 암살 음모에 관련되었다는 모함을 받고, 네로 황제로부터 자살 명령을 받는다. 세네카의 죽음을 소재로 여러 화가들이 작품을 남겼는데, 이 그림은 파울 루벤스의 1615년 작품이다.

중히 여겼다가 잘 돌려줄까요? 여러분은 어떻게 생각하세요?

세네카는 현인이 죽음에 이르렀을 때 이렇게 외친다고 합니다. "그대가 주었을 때보다 더 나아진 영혼을 돌려받으시오! 나는 도망치지 않을 것이고 주춤거리지 않을 것이오. 나는 그대가 준 것을 흔쾌히 돌려줄 각오가 되어 있소. 자, 가져가시오!"(「마음의 평정에 관하여」) 세네카는 타자에게 되돌려 줄 자신을 생애 내내 부지런히 가꾸고, 마음을 써서 섬세하게 다루는 것을 당연하게 생각했습니다. 내 것이 아니기 때문에 더 소중히 다루어야 하는 거죠.

결국 삶이란 타자에게 빌린 '자기'를 잘 간직하여 가꾸고, 끝에 그것을 되돌려 주는 일입니다. 그러나 타자로부터 빌린 자기는 책무-이익 관계에 의해 매번 형편없이 무너집니다. 고정된 통념과 습관에 빠져서 무기력해지고 허약해집니다. 노예 관계가 끊임없이 우리를 덮치지요. 그러나 자책하거나, 괴로워해야 할 필요는 없습니다. 판판이 깨지는 자신이 마뜩잖더라도 슬퍼하지 마세요. 그것은 피할 수 없는 일이기도 하니까요. 다만 우리는 매번 찾아오는 노예 관계와 싸울 뿐이지요. 우리는 매 순간 이 병을 치료해야 합니다. 우리가 스스로 자기 자신의 병을 치료하여 본래의 자기 자신을 회복하고, 그 자기를 빌려 준 자들에게 되돌려 주어야 합니다. 병이 찾아오고 그 병을 치료하는 일 자체가 끊임없는 삶의 과정입니다. 그런 다음 생의 종착역에 왔을 때, 우리는 흔쾌히 이렇게 외칠 수 있어야 합니다. 자, 가져가시오! 당신이 빌려 주었던 영혼보다 더 나은 영혼이 바로 여기 있소! 고맙소. 정말 잘 사용하였소!

자, 어떤가요? 이제 자기 자신의 몸, 자기 자신의 생각, 자기가 하는 말, 자기가 사용하는 물건, 자기가 하는 행동들을 다시 돌아보게 되지 않으세요? 이제 자세를 바르게 하고, 고개를 들어 지금의 자기 자신으로부터 떠나세요. 그리고 담장을 넘어 진정한 자기 자신에게로 돌아가세요. 이 담장을 넘어서면 드물지만 고귀한 자신을 만나게 될 것입니다.

◉

현인은 하인과 재산과 관직뿐만 아니라 자신의 몸과 눈과 손,

그리고 인생을 소중한 것으로 만들어 주는 것,

나아가 자신의 인격까지 무상한 것으로 간주하며

마치 모든 것이 자신에게 대여된 것처럼 살다가

돌려 달라면 불평 없이 모두 기꺼이 돌려줄 각오가 되어 있다네.

그러나 자기는 자신의 것이 아님을 알고 있다고 해서

그는 자신을 가치 없는 존재로 여기지 않으며,

마치 신심이 강한 양심적인 사람이 자기에게 맡겨진 것들을 돌보듯이

자신의 모든 의무를 꼼꼼하고 세심하게 수행한다네.

(…)

자연이 이전에 우리에게 주었던 것을 돌려주기를

요구한다면 우리는 이렇게 말할 것이네.

"그대가 주었을 때보다 더 나아진 영혼을 돌려받으시오!

나는 도망치지 않을 것이고 주춤거리지 않을 것이오.

나는 그대가 준 것을 흔쾌히 돌려줄 각오가 되어 있소.

자, 가져가시오!"

◉

●

고전 및 인용문 출처와 더 읽을거리

●

저자 소개

| 고전 및 인용문 출처와 더 읽을거리 |

● 「감히 알려고 하라」(고병권)에서 함께 읽은

칸트의 글 「계몽이란 무엇인가에 대한 답변」은 'Beantwortung der Frage: Was ist Aufklärung'이라는 제목으로 1784년 12월, 『월간 베를린Berlinische Monatsschrift』에 실렸던 원고입니다. 「감히 알려고 하라」에서 인용한 원고는 『칸트의 역사 철학』(이한구 편역, 서광사)에 들어 있는 것입니다. 하지만 내용을 좀 더 정확히 하기 위해 번역을 일부 수정했습니다. 칸트의 철학에 대해 좀 더 알고 싶은 친구들은 『순수이성비판, 이성을 법정에 세우다』(진은영 지음, 그린비)를 참조하시면 좋을 듯합니다.

● 「침묵하지 말고 따져 물어라」(김현식)에서 함께 읽은

「욥기」의 문장은 『공동번역 성서』에서 옮겼습니다. 조금 딱딱할 수도 있지만 글이 가진 본래의 색깔을 살리기 위해 그대로 옮겼습니다. 여러 번역본 가운데 이를 택한 것은 본문에서 밝혔듯, 문학적인 느낌이 가장 풍부한 번역이기 때문에 그렇습니다. 인터넷 사이트 Holynet (http://www.holybible.or.kr)에서도 『성서』를 읽을 수 있습니다. 공동번역 외에 다른 번역과 비교하면서 읽을 수도 있습니다.

「욥기」에 관해서는 다양한 책이 있지만 그 수만큼이나 해석의 방향도 크게 엇갈립니다. 저자는 『욥에 관하여―하느님 이야기와 무죄한 이들의 고통』(분도출판사)이라는 책의 도움을 받았습니다. 『성서』에 관한 책으로는 『인간의 옷을 입은 성서』(김호경 지음, 책세상)라는 책을 권합니다. 분량도 짧고 『성서』를 어떻게 보아야 할지에 대해서도 도움을 얻을 수 있을 것입니다.

● 「큰 배움은 작은 데서 시작한다」(전덕규)에서 함께 읽은

주희의 『대학장구』, 『독대학법』은 『大學·中庸集註』(성백효 옮김, 전통문화연구회)를 참고했습니다. 본래의 옮김에서 바꾼 부분이 있습니다. 『대학―진보의 동아시아적 의미』(김기현 지음, 사계

절)도 참고하였으며, 주희의 생애와 관련하여 『인간 주자』(미우라 쿠니오 지음, 김영식·이승연 옮김, 창비)를 참고했습니다.

『대학』은 본문에서 말한 것처럼 짧은 글입니다. 시중에 출판된 책들이 대부분 『중용』과 함께 묶여 있는 것을 볼 수 있는데, 『대학』 하나만을 출판하기에는 책의 두께가 너무 얇기 때문입니다. 하지만 짧다고 해서 쉽게 이해되는 것은 아닙니다. 한문이 익숙하지 않아서이기도 하지만 한문의 의미가 다양하고 의미가 현재와 많이 달라, 사전을 보고 읽어도 그 의미를 잘 이해하기 힘든 것이 사실입니다. 주희가 말한 것처럼 글자 하나하나의 의미를 곱씹으며 천천히 시간을 들여 읽어야 그 의미가 이해됩니다.

『대학』을 읽는 것이 힘들다면 「독대학법」만이라도 읽어 볼 것을 권합니다. 번역된 부분까지 다 포함하여도 7쪽인 아주 짧은 글입니다. 『대학』이 공부 방법에 대한 책이라면 「독대학법」은 공부 방법을 공부하는 방법에 대해 적어 놓은 글이라고 할 수 있겠습니다. 「독대학법」을 통해 글쓰기와 글 읽기를 고민하는 시간을 가져 볼 수 있습니다.

●「여성에게는 돈과 자기만의 방이 있어야 한다」(마지연)에서 함께 읽은

버지니아 울프의 『자기만의 방A Room of One's Own』(1929)은 1928년 케임브리지의 여자 대학에서 '여성과 픽션'이라는 주제로 강연했던 내용을 바탕으로 쓴 에세이입니다. 인용문은 『자기만의 방』(이미애 옮김, 민음사)에서 가져왔습니다. 인용문 중에 「여성의 전문직」은 『버지니아 울프—살아남은 여성 예술가의 초상』(김희정 지음, 살림)에서 가져왔습니다. 만약 「여성의 전문직」 전문을 보고 싶다면 펭귄클래식코리아(웅진)에서 출판된 『자기만의 방』에 부록으로 실려 있으니 참고하세요. 버지니아 울프가 쓴 회고록은 『존재의 순간들』(정명진 옮김, 부글북스) 중 2부 과거의 스케치를 참고했습니다.

버지니아 울프의 작품 중에서 가장 접근하기 쉬운 작품이 『자기만의 방』입니다. 버지니아 울프 특유의 암시적인 문장과 실험성이 돋보이는 책입니다. 이 책은 꼭 직접 읽어 보기 바랍니다.

●「자기는 자신의 것이 아니다」(강민혁)에서 함께 읽은

세네카의 『인생이 왜 짧은가』(천병희 옮김, 도서출판 숲)는 세네카의 글들 중 「인생의 짧음에 관하여」, 「마음의 평정에 관하여」, 「섭리에 관하여」, 「행복한 삶에 관하여」 등 네 편의 글을 골라 그리스·로마 원전 번역의 대가인 천병희 선생님께서 번역한 선집입니다. 세네카의 산문들 중에는 '대화들'(dialogi)이라고 이름이 붙은 열 편의 철학 에세이가 있는데, 그중 가장 잘 알려진 네 편을 소개한 것입니다.

「자기는 자신의 것이 아니다」에 소개한 인용문은 대부분 이 책에서 가져왔으나, 「도덕 서한집」, 「자연의 의문들」같이 이 책에 소개되지 않은 글은 『세네카 인생론』(김천운 옮김, 동서문화사)에서 가져왔습니다. 이 책은 세네카의 에세이와 편지가 대부분 번역되어 있어서, 세네카의 글 전체를 읽고 싶다면 한번 도전해 볼 만합니다. 특히 뒤에 실린 세네카의 생애는 이 책의 본문과는 별도로 읽어도 좋습니다. 피비린내 나는 궁정의 암투 한가운데서 살아가는 세네카의 파란만장한 생애가 생생합니다.

여기서는 인용하지 않았지만, 우리나라에 소개된 번역서 중 『화에 대하여』(김경숙 옮김, 사이)라는 에세이가 있습니다. 앞에서 이야기한 열 편의 '대화들'에 속하는 에세이 중 하나로, 빼어난 정치철학서로 읽히는 책이면서, 분노를 다스리는 방법을 알려 주는 수양서로도 손색이 없는 책입니다. 이 책은 세네카가 영혼의 의사라는 것을 여지없이 보여 줍니다.

세네카의 사유를 '자기 배려'의 관점에서 일관되게 설명한 철학책으로는 역시 미셸 푸코의 책을 권합니다. 특히 푸코가 1982년에 콜레주 드 프랑스에서 강의한 내용을 녹취하여 엮은 『주체의 해석학』(심세광 옮김, 동문선)에서 1월 20일, 1월 27일, 2월 17일, 3월 10일, 3월 24일 강의는 스토아주의자들과 세네카의 자기 배려에 대해 설명한 독창적인 강의로 훌륭한 통찰을 전달해 줍니다. 청소년들에게는 꽤 어려울 수 있지만, 만일 세네카의 책을 완파한 사람이라면 모험을 시도해 보라고 조심스럽게 권합니다.

● 「감히 알려고 하라」를 쓴 고병권은

수유너머R에서 책을 읽고 글을 쓰며 강의하고 있습니다. 마르크스, 니체, 스피노자 등의 철학자들에 대해 공부했고, 민주주의와 사회운동에 대한 몇 편의 글을 썼습니다. 최근 펴낸 책으로는 『생각한다는 것』, 『민주주의란 무엇인가』, 『점거, 새로운 거번먼트』, 『"살아가겠다"』, 『언더그라운드 니체』, 『철학자와 하녀』가 있습니다.

● 「침묵하지 말고 따져 물어라」를 쓴 김현식은

수유너머R에서 주로 동양고전을 공부하고 있습니다. 그러나 동양고전에 갇히지 않고 동서양을 넘나들며 고전의 깊은 세계를 탐구하고자 합니다. 그러나 이 광활한 바다에 혼자 뛰어드는 것은 무리인 법. 함께 공부할 친구를 찾기 위해 몇 년째 주말마다 청소년과 고전을 읽고 있습니다. 쓴 책으로는 『공자와 제자들의 유쾌한 교실』이 있으며 곧, 『천하무적 맹자가 나가신다』라는 책이 나올 예정입니다.

● 「큰 배움은 작은 데서 시작한다」를 쓴 전덕규는

대학 시절 만난 인연으로 사서四書를 계속 읽었습니다. 누군가 사서를 왜 읽느냐 물으면 익숙해서 읽는다고 대답합니다. 사서를 읽는 익숙함만큼이나 그것을 잘 모르는 것에도 익숙합니다. 동양고전보다는 지금 사는 세상이 더 궁금하고, 동양고전이 지금 세상을 이해하는 데 도움이 되었으면 합니다. 장애인 활동 보조인을 하고 있으며 노동 문제에 관심이 많습니다.

● 「여성에게는 돈과 자기만의 방이 있어야 한다」를 쓴 마지연은

수유너머R에서 문학 세미나를 하면서, 소설을 읽고 글을 썼습니다. 그리고 문화예술카페 별꼴

에서 매니저로 일했습니다. 책 읽고, 이야기하는 것을 좋아합니다.

● 「자기는 자신의 것이 아니다」를 쓴 강민혁은

대학을 졸업하고 들어간 은행에서 밥벌이를 합니다. 지지리도 아둔했던 사람이 뒤늦게 찾아간 연구공간 '수유＋너머'에서 철학을 만나 새로운 삶에 들어섰습니다. 밥벌이 틈틈이 친구들과 함께 책을 읽고 글을 씁니다. 지금은 주로 남산에 자리 잡은 '감이당'에서 철학과 의역학을 공부합니다. '수유너머 문'에서는 그리스 로마 철학을 공부했습니다. 친구들과 함께 만든 『인물톡톡』에 '레닌'에 대해 썼고, 최근에는 그간 쓴 글들을 모아 『자기배려의 인문학』이란 책으로 엮어 내놓았습니다.

● 이 책을 기획하고 진행한 김수미는

지역에서 청소년을 만나 상담하는 일을 합니다. 수유너머R에서 책을 읽고 글을 씁니다. 사람과 책이 던져 주는 일렁임을 좋아합니다. 함께 살고 공부하며 몸과 마음이 지니는 경계를 말랑말랑하게 만들고자 합니다.

생각이 찾아오는 학교 너머학교

생각한다는 것
고병권 선생님의 철학 이야기
고병권 지음 | 정문주·정지혜 그림

탐구한다는 것
남창훈 선생님의 과학 이야기
남창훈 지음 | 강전희 · 정지혜 그림

기록한다는 것
오항녕 선생님의 역사 이야기
오항녕 지음 | 김진화 그림

읽는다는 것
권용선 선생님의 책 읽기 이야기
권용선 지음 | 정지혜 그림

느낀다는 것
채운 선생님의 예술 이야기
채운 지음 | 정지혜 그림

믿는다는 것
이찬수 선생님의 종교 이야기
이찬수 지음 | 노석미 그림

논다는 것
오늘 놀아야 내일이 열린다
이명석 글 · 그림

본다는 것
그저 보는 것이 아니라 함께 잘 보는 법

김남시 지음 | 강전희 그림

잘 산다는 것
강수돌 선생님의 경제 이야기

강수돌 지음 | 박정섭 그림

사람답게 산다는 것
오창익 선생님의 인권 이야기

오창익 지음 | 홍선주 그림

삼국유사,
끊어진 하늘길과 계란맨의 비밀

일연 원저 | 조현범 지음 | 김진화 그림

종의 기원,
모든 생물의 자유를 선언하다

찰스 다윈 원저 | 박성관 지음 | 강전희 그림

너는 네가 되어야 한다
고전이 건네는 말 1

수유너머R 지음 | 김진화 그림

질문과 질문으로 이어지는 생각 익힘책

그림을 그린 **김진화** 선생님은
대학교에서 회화를 공부하고 어린이 책에 그림을 그려 왔습니다. 여러 가지 재료로 물건을 만들어서 사진을 찍는 등 다양한
기법으로 재미있는 그림, 뜻을 담은 그림을 만들기 위해 애쓰고 있습니다. 『친구가 필요해』 『학교 가는 길을 개척할 거야』
『기록한다는 것』 『삼국유사, 끊어진 하늘길과 계란맨의 비밀』 『수학식당』 『너는 네가 되어야 한다』 『나를 위해 공부하라』 등
여러 책에 그림을 그렸습니다.

사진 제공
Wikimedia Commons(Mrjohncummings, Outisnn)

고전이 건네는 말 4
감히 알려고 하라

2014년 10월 27일 제1판 1쇄 발행
2018년 7월 20일 제1판 2쇄 발행

지은이	수유너머R
그린이	김진화
펴낸이	김상미, 이재민
편집	김세희
디자인기획	민진기디자인
종이	다올페이퍼
인쇄	청아문화사
제본	광신제책
펴낸곳	너머학교
주소	서울시 종로구 자하문로24길 32-12 2층
전화	02)336-5131, 335-3366, 팩스 02)335-5848
등록번호	제313-2009-234호

© 수유너머R, 2014

ISBN 978-89-94407-28-9 44100
ISBN 978-89-94407-30-2 44000(세트)

너머북스와 너머학교는 좋은 서가와 학교를 꿈꾸는 출판사입니다.